# 明日がいい日になりますように。

松浦弥太郎

PHP文庫

# はじめに

この本は、おもに孤独について書いた『愛さなくてはいけない ふたつのこと』と、おもに共感について書いた『40歳のためのこれから術』の二冊から、読むだけで孤独と共感のバランスのとり方の練習となるようなエッセイをよりぬき、再編集したものです。

三十代までの僕は、個としての自立、自分ひとりのスケール感を持つことをテーマにしていたようなところがあります。それは、自分自身の在り方を客観視し、他者との距離感を適正に保つこと、つまり自分を確立することが、生きていくうえで何よりも大切なことだと思っていたからです。

十代で高校をドロップアウトし、単身アメリカに渡った僕が、生きていくために提供できるものは、自分自身の感性やアイデア、人とは違ったなにかを見つけてくることしかなかった。

二〇〇二年にオープンしたカウブックスも、僕自身が理想とする空間を作り、選び抜いた本を置くという、僕という人間のスケール感を表現したものです。

四十代になった僕は、本当にこのままでいいのかなと思うようになっていました。個は確立できた、僕自身のスケール感もわかって、人との距離感も心地いい――。僕の感性やアイデアを必要としてくれる人も、理解してくれる人もある程度はいました。

でも僕は、自分ひとりのスケール感では満足できなくなっていたのです。そう、自分のスケールはこれくらいだけれども、他の人のスケールをつなげたら、それはもっと大きくなる。自分と人をつなげるには、何が必要なのか。それは共感や分かち合い以外にない。そんなときに、チャレンジしたのが「暮しの手帖」の仕事でした。当初、五年間だけと思ってがむしゃらに打ち込んできた編集長の仕事は、気がつけば九年を経過していました。

そして、五十歳を目前に、僕はまた新たなチャレンジをはじめています。より多くの人とのつながりを求めて、ＩＴ企業に転職したのです。そこで、「くらしのきほん」という新たなメディアを立ち上げ、多くのみなさんと感動を共有したいと思っているのです。

この本では、僕がこれまでに思索を続けて身につけてきた、孤独と共感のバランスのとり方を分かち合いたいと思います。孤独と共感は相対するものではありません。ひとりで向き合う孤独な時間があるから、人のことも大切に思える。つながることの嬉《うれ》しさを実感できるのです。

「ひとりでいること　みんなとすること」のバランスを上手にとって、自分を見失うことなく、人とつながりをもてたら、感動を大きくすることができたら、この世界で自分をもっと役立てることができるのではないでしょうか。

人と深くつながること、孤独を恐れない勇気、人生の楽しみを分かち合うために優先すべきこと――、僕のこれまでの学びを、みなさんと共有できたらこんなに嬉しいことはありません。

松浦弥太郎

# 明日がいい日になりますように。

目次

## 第一章　孤独と共感どちらも大切

## 第二章　孤独と共感のバランスがあなたを大人にする

第三章　自分をひらくレッスン

## 第四章　ひとりでいること　みんなとすること

イラスト　太田　朋
編集協力　青木由美子

# 第一章

# 孤独と共感どちらも大切

# 幸せとは人と深くつながること

憧れ、目的、人生の旅のゴールを考えると、僕はこう思います。

「人と深くつながれる人間でありたい」

これはまた、僕がなにを幸せと思うかの答えでもあります。

僕はいろいろな人と深くつながることが、いちばんの幸せです。充分に年を重ねたとき、妻、子ども、友人、まだ両親が生きていれば両親とも深くつながっていたいと思います。自分のまわりにいる人たちと、今よりいっそう深くつながっていたら、僕はすごく幸せだと思っています。

生きていく以上「お金はいらない」とは言えませんが、お金をたくさん稼いで貯金をするより、人と深くつながるほうが大事だと思っています。逆説的ではありますが、人と深くつながらない限り仕事もうまくいかず、結局お金も増えないでしょう。

人と深くつながるには、いろいろな方法があります。

たとえばこうして書いている本を通して、読んでくれるあなたと深くつながることもできると感じています。

つながりの触媒となるのは、感動です。共感といってもいいでしょう。僕の発信するメッセージが読者のみなさんの心を動かすことができたとき、つながりができます。もっと身近なことで言えば、自分が感動したことを伝えれば伝えるほど、つながりは深まります。

たとえば自分がとても感動し、どうしても「ありがとう」と伝えたいとき、僕は手紙を書きます。情熱を込めて感動を伝え、つながりを持ちたいからです。

手紙というのは、感動を伝える非常に優れたツールだと感じています。「こんな人と自分が会えるはずはない」と思っている人にも、手紙を出すことでコミュニケーションがとれるのですから。

大谷翔平やビル・ゲイツにも手紙は出せます。出した時点で一つのコミュニケーションですし、返事がないとは限りません。自分に情熱さえあれば、感動は伝えられるのです。

深くつながる幸せを求めて、これからも僕は、たくさんの手紙を書くつもりです。

# 友だちが欲しいなら孤独を恐れない

「味方が欲しかったら、敵をつくれ」

一人で仕事を始めたとき、僕は父にこう言われました。

細かい説明はなかったけれど、それは「自分の意思をはっきりさせる」ことだと僕は解釈しました。自分から敵をつくる必要はないけれど、敵をつくること、孤独を恐れて曖昧《あいまい》な態度をとってはいけないと。

「友だちのいない不安と寂しさ」を抱えている人がいたら、僕は同じ言葉を贈りたいと思います。

**「味方が欲しかったら、敵をつくれ」**

もちろん、マナー、礼儀作法、思いやりは守ります。そのうえで、人にどう思われるかを気にせずに、自分を素直に表現するということです。

誰かとしばらく自由に会話をするとしたら、僕たちはお互いに「自分と同じところ」を探しています。

「あの映画が好きなの？　私も好き」

「休日はそうだよ、僕もよくいろんなところを歩いている」

「体を動かすと気持ちいいよね」

言葉に出すかどうかは別として、人は心のなかでお互いの言葉に「賛成！」「反対！」と小さな旗をあげて会話をしています。賛成の旗をかわすことは、友だちをつくるプロセスには欠かせない要素ですが、「○○をよくしている」「○○が好き」というお互いの意思表明がなかったら、成り立ちません。

誰かが映画を好きだと言ったら「私も」と言う。実は好きじゃなかったら、そうは言わずに「へえーそうなんだ」と曖昧に笑っている。逆に自分からは「○○が好き、○○は苦手」といった意思表明を一切しない。

あなたは、こんな態度をとっていませんか？

誰のことも肯定して、笑顔でいるけれど、自分の心は開いていないのですから、友だちができなくて当然です。「八方美人」あるいは「なにを考えているのかわからない人」とされ、自分から友だちを遠ざけてしまうでしょう。

意思表明することを、必要以上に恐れることはありません。信号を渡る、ただこれだけでも人となりはあらわれます。「走って渡るなんていや」という人もいれば、「急いだほうがきびきびしていていい」という人もいるのです。生きている以上、たとえなに一つ言葉を発しなくても、何パーセントかの人はあなたに対して「嫌い」というジャッジを下しているもの。嫌う人をゼロにしようとして、「好き」と言ってくれるもっとたくさんの人を失ってはいけません。

「こんなことを言ったら嫌われるかもしれない」

人と違うこと、仲間はずれにされることを恐れれば恐れるほど、友だちはできなくなります。嫌われると好かれるはコインの裏と表で、嫌われるから好かれるし、好かれるから嫌われる。これが人間関係の原理原則だと知っておいたほうがいいと僕は思います。

自分自身について考えてみても、原理原則どおりになっているなと感じます。文章を書いても、書店を経営しても、「好きです、いいですね」と言ってくれる人もいれば、「松浦さんのことは大嫌い、鼻につく」と言う人もいます。これは当然の反応です。

仮に、ほめてくれる人ばかりだったら不自然です。自分のやっていることに誰も彼も無関心で、なに一つ届けられていないと恐ろしくなります。

自分の意思を素直に表明することは、「あれが嫌い、これは苦手」と、好き嫌いや嗜好《しこう》を押し付けることとは違います。**ことに友だちが欲しいなら、自分の価値観をわかってもらえるよう、心を打ち明けることが大切です。**

「私はこんなことを大切にしている」

「自分の時間はこんなことに使いたい」

人は共通点でつながると述べましたが、共通点にもいろいろあります。子どものころは家が近いという共通点、同じクラスだという共通点でつながっていたかもしれませんが、大人の友だちであれば、心の共通点でつながりたいなと思います。

女性の場合、「子どもがいる、いない」「仕事をしている、していない」といった共通点で友だち関係が成り立つこともあると聞きますが、物理的な条件や生活環境は、時とともに変わっていきます。また、ちょっとしたトラブルでほどけてしまう、ゆるい絆《きずな》だという気もします。意見が対立したとたん、オセロゲームみたいにパタパタと、味方から敵に変わってしまうかもしれません。

逆に、お互いの価値観に共通点を見いだせている友だちであれば、意見が対立したとしても「それは違うよ」「今回は君が間違っている」と言い合えるし、「あぁ、あなたの言っていることもわかる」「教えてくれてありがとう」と、一緒に成長していけるでしょう。そうでない友だちは、友だちにカウントできないということかもしれません。

ソーシャルネットワーク時代だからこそ、友だちをつくるには、外に出て行くのがいいと思っています。メールではなく、電話ではなく、人と会い、笑顔で挨《あい》拶《さつ》し、目と目を合わせて話をする。直接会うことこそ、友だちづくりの大原則です。

**友だちをつくる力というのは、生きる力でもあります。**

孤独を恐れず、ひるまず、敵をつくりましょう。共感される素直さと勇気で、味方をつくりましょう。

自分が好きだと思うこと、
いやだと思うことを伝えてみましょう。
あなたはどう？
と聞いてもいいのです。

# 人生の荷物は少ないほうがいい

旅に出るとき、驚くほど荷物の多い人がいます。

雨が降ったときのための折りたたみ傘、傘もさせないほどの嵐に備えてレインコート、履きやすい靴とレストランに行くときの靴は用意したけれど、もしも大雨が降った場合は、ブーツもいるだろうか？

次から次へと想像をふくらませて、どんどん荷物を増やしていきます。

たいてい、それは楽しい想像ではありません。

「こんなふうになったら困るな」

「こんなことがあったらいやだな」

起こってほしくない未来への想像をしていることが多いようです。

これが旅行なら、外国でも国内でもしばらくの間、荷物が重くなるだけですが、人生を生きていくうえでの旅であれば、いささか深刻です。

心の荷物はかたちがないので、カバンは重くなりません。その代わり、毎日そのものが、だんだん、重たく、自分の心にのしかかってきます。

「もし、こうなったら、どうしよう?」

**未来に対する不安というのは厄介なもので、どんどん加速するうえに、ブレーキがついていません。**

旅の荷物と違って、「雨が降るかもしれないと不安だから、傘とブーツを用意する」といった、シンプルな対策をとることもできません。

当たり前の話ですが、未来というのは外国旅行よりもはるかに広大で、そこで起こるであろう出来事も、さまざまなのですから。

放っておけば、不安はどんどんふくらみ、「もう、どうしようもない。どうすることもできない」と、座り込んでしまうかもしれません。

生きていくうえでの旅には、「確実に安全で準備万端」という荷造りはできないものですから、旅をすること自体を、やめたくなるかもしれません。

つまり「こうなったらどうしよう」と、不安をふくらませ続けて、一人でじっと、同じ場所にぽつんと座っているようなことになりかねないのです。

そうすると、寂しさが霧のようにたちこめてきて、ますます先が見えない状況になってしまいます。

**「未来に対する不安と寂しさ」にとらわれる人は、先のことを考えすぎてしまう癖があるのだと僕は思います。**

「これで、明日は大丈夫だろうか？」

「このままでは、来年だめになってしまうのではないか？」

「自分の将来は、どうなるのだろう？」

もしもあなたも同じだったら、こういうふうに思ったらいいんじゃないかと、僕が感じることが一つあります。

**それは、今、目の前で起きていることだけに向き合い、対処すること。**

明日でもなく、あさってでもなく、来年でもなく、十年後でもなく、「今」だけに集中するのです。仮に、先のことを「たぶん、こうなるだろう」と予測できたとしても、実際に起きるまでは、あえて考えずに知らんぷりしましょう。

こう思うようにすれば、「不安な未来」は遠のいていく気がしています。

本当のところ、「未来に対する不安と寂しさ」にとらわれる人というのは、「今、目の前で起きていること」に向き合いたくない気持ちが強いからなのです。

夏休みの宿題をやるのがいやだから、「こんな勉強をしたところで、大人になって役に立つのだろうか？　意味がないんじゃないか？」などと考え始めて、目の前の宿題から逃げている子どもと同じようなものです。

「未来に対する不安と寂しさ」にとらわれる人が、子どものように愚かだと言いたいわけではありません。僕たちのほとんどは、「今、目の前で起きていること」から逃げ出したくなる、人間という弱いいきものだということです。

「こんな仕事をしていても先行きが暗いから、来年は資格でもとろうか？」

「この人とつきあっていても将来が見えないから、誰か別の人を探そうか？」

こうした「未来に対する不安と寂しさ」は、誰の心にもよぎるものです。

「今」だけに集中し、逃げずに向き合う。こう決めてしまうと、やるべきことが決まります。

今、起きていることを、順番に、一つひとつ、ていねいに片付けていく。やるべきことは、それだけです。ただそれだけですが、具体的に行動しているわけですから、不安が勝手にふくらむことはありません。

また、未来になにか大変なことが起こると気づいたなら、気づいたというだけで、たとえなにもしなくても、あなたはきっと無意識に対処しているはずです。

「今の片付け」は一見、関係ないように見えても、未来に起こる大変なことに対処するために役立つことになるでしょう。

今、起きていることから逃げたり、ごまかしたり、はぐらかしたりしない強さを備えれば、未来への不安も寂しさも静かに消えていきます。

「今、目の前で起きていること」だけに
向き合ってみましょう。

## 「いるもの」と「いらないもの」

「なぜ、こんなにもカバンが重いのだろう」

旅をしていると、あるとき、つくづく感じることがあります。その日の宿のベッドの上に、カバンの中身をすべて出してみると、いろいろなことがわかります。

「あ、こんなにいらないものがあった」

「そうか、こんなものが入っているから重いんだ」

人生の持ちものリストを整理するのは、この感覚に似ています。

たいていの人はたくさんの荷物を詰め込みながら生きてきたのですから、抱えたカバンは重くなります。ただカバンを引きずって「重い、重い」と感じているより、「あれと、これと、それが入っているから重い」と中身を把握し、重い理由を知ったほうが気分は軽くなります。

最初から持っているものを整理するのは難しいものですから、まずは「いらないものがたくさんあった」と確認して、そのままカバンのなかに入れ直してもいいでしょう。ただし、いずれ処分する心づもりはしておきます。

旅の荷物にたとえて言うなら、「この本はこれから行く山小屋に置いてこよう。あそこには、訪問者が読み終えた本を集めた本棚があるから」「このTシャツは、処分したいという気分の朝、ホテルのゴミ箱に捨てていこう」と考えてみるようなものです。あるいは「次の旅行のときには、こんなにたくさんのアメニティはいらないな」とイメージするのもいいでしょう。

自分の持っているもののリストも旅の持ちもののリストと同じように、「この指輪は、きれいだけれどいらない」「この人間関係ははたして絶対に失いたくないものか？」と考えてみましょう。

とてもいいものであろうと、そうでもないものであろうと、持っているものには必ず重みがあります。どんなに軽く見えてもゼロではありません。

「自分が両手でどれだけ持てるか？」と考えたら、たくさんは持てないとわかります。これから未来に向けて旅をすれば、その旅でも持っているものは少しずつ増えていくのですから、現時点で身軽になったほうがいいとわかります。この心境に至ったら、「いるもの」と「いらないもの」に分類していきましょう。

「あくまで分類であって、今すぐ捨てなくていい」としておくのもコツです。捨てるには勇気がいるし、タイミングもあります。長い時間軸のなかで自分の身についたものだから、ある日突然、捨てるわけにはいかないし、捨てられないでしょう。

「いらないもの＝捨てる」としたら、心配になってしまい、全部を「いるもの」にカテゴライズしてしまうかもしれません。そこで、まずは紙の上で分類するだけにします。大切なのは、自分の持っているものを知ることと、そのバランスを整えることです。

分類を始めると、「やっぱり全部がいるわけではない」ということが、ますますはっきりします。ものだけではなく、一見すべてが大切そうな人間関係も含めて、いらないものが見つかります。

人間関係であれば、見栄やプライド、ちょっと自分を良く見せるための背伸びで築いたつきあいが、いつのまにか重荷になっていると気づくかもしれません。

また、損か得かを考えて「持っておいたほうがいい」と思ったものが、自分を苦しめていた原因だと気づくこともあるでしょう。

「こういうつきあいが、自分の足かせになっていたのか」

「こういう習慣が、自分らしさを殺していたのか」

そんな発見をしたら「いらないもの」のほうにリストアップします。

「いらないもの」には、いっときは大切だったけれど、自分が成長していて不要になったものも含まれるでしょう。また、「いらない」と思っても、自分で改善すれば「いるもの」に復活しそうなものもあると思います。

「いるもの」については、宝物も、必要だと思うものも、なんとなく持っていたいものもあるでしょう。それはそのまま、ランダムにリストとして書いていきます。

リストができあがったら、「いるもの」と「いらないもの」のバランスを見ます。この時点で、「これならすぐに捨てられる」というものがあれば、潔《いさぎよ》く処分を。「これからはいいものを少し」を大方針にすることをおすすめします。

「いるもの」と「いらないもの」の分類は、自分にとって価値（幸せ）があるものとはなにかを知る手がかりになります。プラスの価値のものとマイナスの価値のものがひと目でわかれば、自分がなにを幸せと思い、大切にしているか確認できます。

## あなたが持っている価値に気づく

自分の顔を知りたいなら、鏡をじっと見るのがいちばんなのに、誰かの顔と比べてはいませんか？　あの人のほうが、まつげが長い、目がぱっちりしている、唇がふっくらと赤い、鼻がすっと高い、肌がつるつるしている。

「それに比べて、自分は……」

このやり方だと、「あの人と比べた自分……」しかわかりません。本当の自分の姿が、目に入りません。

もしかしたら、まつげの長さはみんなと同じくらいかもしれないのに、人のまつげばかり見ていたら、そんなことすら気づきません。ぱっちりしている目や、ふっくらと赤い唇が、絶対の価値ではないのに、心を閉ざしてしまったら、なにがすてきなのかもわからなくなってしまいます。鼻がすっと高くなくても、肌がつるつるでなくても、あなたの髪はとびきりきれいなのに、別のところばかり見ているから、その輝きも見過ごしてしまいます。

自分の能力がどうなのかを知りたいのなら、勇気を出して試してみるのがいちばんなのに、誰かと比べてばかりいませんか？　あの人のほうが、仕事ができる、アイデア豊富、人に好かれるし人脈がある、運がいい、要領がいい。

「それに比べて、自分は……」

こんな考え方だと、自分の仕事に集中できません。「あの人」が気になって、心が上の空だったら、いい仕事などできるわけがないのです。人と比べずに、リラックスして仕事に向かえばアイデア豊富になれるかもしれません。

あげく「あの人は人に好かれていいな」と誰かを妬《ねた》むようになってしまったら、自分から人間関係を壊してしまうことになります。

また、傍目《はため》には「運がいい、要領がいい」と映る人ほど、必死で頑張っていることをまわりに見せないものです。

「他人より劣っているという不安と寂しさ」を抱えている人は、ないものねだりをしています。ちょっときびしい言い方をしますが、たいそうわがままな人とも言えます。

なぜなら、外見にしても内面にしても、僕たちはみんなそれぞれ、違うものを持っているからです。ほかの人が持っているものを、あなたは持っていないかもしれませんが、あなたが持っているものを、ほかの人は持っていません。

人が持っているものを欲しがるのは人間の習性ですし、「みんなと同じ」に安心する心理は誰にでもあります。誰かがブランド品を持っていれば自分も欲しがり、みんなが着ているからと同じような服を着て、誰かに負けないように同じレベルの学校に入りたいと思うように。大人になっても「友だちが車を買ったから、自分も」と思う人だっているのです。

しかし、すべてを「みんなと同じ」にすることなどできません。たとえいつもうらやましかった「あの人」と同じ顔を手に入れたとしても、今度は「別のあの人」の顔になりたくなるものです。

## 「人が持っているものは、永遠に手に入らない」この事実を受け入れれば、自分が持っている宝物が見えてきます。

自分らしさとは、「神さまにもらった果物」だと考えてみましょう。神さまがくれる果物は一種類で、自分の手で持てるだけというのが決まりです。

あなたがもらったのはリンゴ。しっかりと固く、赤く輝いていて、かじると果汁がほとばしる、素晴らしい果実です。さわやかな香りまでします。それなのに、「私が持っているのは、たった一つのリンゴだけ。あの人は、もっとたくさん持っているのに」とうらやましくなるかもしれません。

たしかにあなたの友だちは、手のなかにたくさんの果物を持っています。それが、たくさんのラズベリーだったとしましょう。一つが指の先くらいの小さな実です。やわらかくて、ルビーみたいにかわいらしい、口のなかに甘酸っぱさがひろがる、素晴らしい果実です。それなのに友だちは「私は小さなラズベリーしか持っていない。あの人は大きなリンゴを持っていて、うらやましい」と感じているかもしれません。

神さまのルールは、自分に与えられた果物を大切に味わおうというものですが、「ラズベリーが食べたい」と思いながらリンゴをかじったら、せっかくのリンゴの味がわかりません。「リンゴが欲しい」と思いながらラズベリーを握りしめていたら、やわらかな実が潰《つぶ》れてしまうことだってあります。

人と自分が同じになろうということ自体が無理なのに、ないものねだりをして悩んでいたら、苦しくなるだけです。自分に与えられた果物は、人に与えられた果物と絶対に取り替えられないのだから、自分の果物を味わうのがいちばんです。

「あの人みたいになれない自分はだめかもしれない……」

そんな悩みは、遠くに投げ捨ててしまいましょう。

もっと自分のことに関心を持ちましょう。他人と比べるのではなく、自分らしさを、見つけていきましょう。そこに価値を見いだすと、そのとき初めて自分の良さがわかります。

素晴らしいのは、それだけではありません。

自分が持っているリンゴの価値に気づくと、「こんなにおいしいのだから、みんなに味わってもらいたい」という思いが生まれます。神さまがくれた果物は人と取り替えることはできませんが、誰かと分かち合うことはできます。

リンゴを持っている人がリンゴの良さに気づいて、リンゴを誰かに分けてあげる。ラズベリーを持っている人がラズベリーの良さに気づいて、ラズベリーを誰かに分けてあげる。こうした世界のほうが、みんなが同じ果物を持つ世界より、よほど豊かだと僕は思います。

自分の持っている良いところを見つけて
それを大切にする。
その良いところを
誰かのために役立てられないか
考えてみる。

## 「できていること」と「できていないこと」を知る

さまざまな方法で持っているものを分類すると、ものの整理になると同時に、自分の姿を違う角度から客観的にチェックできます。

持っているもののリストのなかには、能力に該当するものがいくつかあるためです。

たとえば、「英語が流暢《りゅうちょう》にしゃべれる」という持っているものがある人もいれば、「カタコトの英語力」という持ちものがある人もいます。

「アイデアをどんどん生み出す力」という持っているものがある人もいれば、「数字にとても強い」という持ちものがある人もいるでしょう。

こうした能力について僕は、「できていること」「できていないこと」というリストをつくってみました。どこのラインを「できる」とするかは自分で決めていいのですが、それでもなかなか難しくててこずりました。けれど時間をかけて考えれば、きっとわかります。

まずは「できていること」をリストアップするのが、僕のおすすめのやり方です。自信を持って、自分で自分をほめてあげる。小さなことでも、「できていること」でリストを満たしていきましょう。

「気持ち良いあいさつ」「整理整頓」といったことでいいと思います。「できていること」を認め、自分をほめて、これからもっと上手にできるように、どんどん磨いていくことにします。

次に「できていないこと」もリストアップします。できていない以上、「持ちもの」としては持っていないものです。「これがあったほうがいいのに、ないな」と気がついたこと。前々から「この能力を身につけたほうがいいのに」という課題となっていたこと。これらを調べて、「できていないことリスト」に書いていきましょう。

できていないことについては、「できなきゃ駄目!」と思わないこと。「○○歳にもなって、こんなこともできないのか」と自分を責めないこと。

人生の旅は、まだまだ成長が続く長い旅です。できていないことに対しては、「このうちの一つでも二つでもできるようになればいい」という気楽なスタンスで向き合います。自分はなにができないのか、それを知るだけで充分に意味があります。

# 認められない不安と寂しさのくすり

「こんなに頑張っているのに、認められない」

あなたも、「認められない不安と寂しさ」を抱えてはいませんか？

努力しても評価されない。やっていることを誰にも気づいてもらえない。上司も同僚も私を認めてくれていない。

さまざまな職場で、よく耳にする悩みです。

認められていないと感じているのなら、まず「なにを認めてもらいたいのか？」をじっくりと考えましょう。

「私を認めてほしい」という主張は、仕事の世界ではタブーです。

**人間として認められることと、仕事について認められることは別の問題です。**

仕事で認められるには、結果を出さなければなりません。厳しくても、これが仕事のルールです。

「結果は出せませんでしたが、目に見えないところで、こうした努力をしています。こんなふうに考えて、頑張っています」

もしも、僕にこんなことを言ってくる部下がいたとしたら、答えは決まっています。

「目に見えないところでの努力は、素晴らしい。素晴らしいことは認めるけれど、結果としての評価はできない」

もしも、その答えに不満を漏らす部下がいるとしたら、たぶんこう答えます。

「あなたは、あなたという人間を認めてほしいと言っているのかな？　目に見えないところでの努力は、あなたの人間性に対する評価ですよね？　だけど働いている時点で、あなたはもう、認められているのです」

会社は認めていない人間を、雇用したりしません。給料を払う価値があると認めているから、働いてもらっているのです。

「認められていなかったら、私は今ここにはいない」

そう思えば、「認められない不安と寂しさ」は、やわらぐと思います。

仕事の場に、人間として認められることを持ち込まない。男性でも女性でも、これは憶《おぼ》えておいたほうがいいでしょう。

なぜなら、認める・認めないには基準があり、それは会社によって異なります。

ある会社では、意見をはっきり言い、数字に強い人を評価するでしょう。別の会社は、よく気がついて、協調性がある人を評価するでしょう。部署によっても、上司によっても評価の基準は違います。それに自分自身の価値を重ねあわせては、ますます不安と寂しさが募るだけです。

仕事以外でも、他人の評価について知っておいたほうがいいことがあります。

他人に評価される場合、「一〇〇パーセント認められ、受け入れられる」ということはありません。○があれば×も△もある。「あの人のここはすごいけれど、あそこはちょっと」というのが、当たり前なのです。

百歩譲って、仮にあなたをファンのごとく絶対的に認めてくれる人が一〇〇人のうち五〇人だったとしても、残る五〇人はまったく認めてくれないのが、現実であり、世の中のバランスだと思います。

「認められない不安と寂しさ」の延長線上に、「出世できない不安と寂しさ」があります。今は男性と同じように女性が働く時代ですから、男女を問わず、出世を願う人はいるでしょう。その願いは悪いことではありません。

これはあくまで僕の主観ですが、会社に就職して会社員になるのであれば、その会社の社長になることを、目標にすべきだと思っています。その会社が好きで、一生懸命に働こうと思うなら、トップを目指して当然だと思います。

また、出世してお金が欲しい、権力が欲しい、社会的な地位や信用が欲しいという人がいても、一向に悪いとは思いません。そういった目標もあるでしょうし、お金や権力をモチベーションにする人もいるでしょう。

大切なのは、「自分がしたい出世なのか?」ということです。

誰かと比べて「この人より上になりたい」「世間一般よりワンランク上がいい」と競争していないかということです。

僕にしても若いころには、同じくらいの年の人と自分を比べて、「あの人のほうが活躍している、成功している」などと考えたこともありました。

これは競争であり、相手を追い越して自分がなにかを得ようとする行為です。自分が目指す山を自分で登っていくのではなく、誰かを犠牲にして高みにいこうという、間違った営みになると感じます。

「認められない不安と寂しさ」を感じているなら、ちょっとスイッチを入れ替えてみましょう。他人でなく、自分に目を向けて、自問するのです。

**「私は、誰を認めているだろうか？」**

もし、自分の部下のなかに「もっと私を認めてほしい」という人がいれば、僕は尋ねてみるつもりです。

「あなたは同僚のなかで、誰を認めていますか？」

おそらく、答えに詰まるのではないでしょうか。

自分を好きになれないのは、人を好きになれないのと同じこと。会社のなかでも、個人的なグループでも、認められている人というのは、自分もたくさんの人を認めています。

僕が尊敬する何人かも、人間性、仕事の実績ともに評価されているすごい人ですが、彼らはいつも人をよく見ていて、良いところをほめたり、実績を認めたりしています。

「あの人のここはすごい」

「あの人は目立たないけど、こんな仕事をやり遂げている」

**自分が認めているから、人にも認められている。それが評価につながっているということが、見ていて、よくわかるのです。**

自問してみて、認めている人がすぐに挙げられないなら、まず人を認めることから始めましょう。

「うちの会社には、尊敬できる人なんかいない」

「彼はすごいけど、運がいいだけだ」

まわりの人をこんなふうに嫌い、見下しているなら、その態度があなたを認められない人にしてしまっているのです。人を悪く言うのは、自分に自信がない証拠。つまり、自分自身が自分を認めていないことになります。

さらに、「自分を認めてくれる人は味方、認めてくれない人は敵」という考え方をしているなら、きっぱりやめるべきです。

すでに述べたように、あなたに対する他人の評価は白黒つけられるものではないのです。

「出世できない不安と寂しさ」を感じている人も、スイッチを入れ替えて、こう自問しましょう。

「私はこの会社になにをしてあげられるだろうか？」

出世して、もっと給料をもらいたい、地位をもらいたいと思うのなら、まず自分が会社のために良い仕事をし、貢献しなければ始まりません。

社員全員が「あなたはこんなに貢献してくれているのだから、あなたに社長になってほしい」と言ってくれるほどの働きをするということです。

単純に「頑張っています。人の三倍はやっています」というのは、人に与えているのではなく、自分自身の問題です。自分ではなく相手に与えることを優先しましょう。

いずれにしろ、勤勉に、規則正しい生活をし、目の前にある自分の仕事を片付け、人間関係を育てていくことが、「認められない不安と寂しさ」のいちばんのくすりです。

あなたは
誰かを認めていますか？
その人の名前を
挙げてみてください。

## 「ありがとう」と「ごめんなさい」は心のストレッチ

「ありがとう」と「ごめんなさい」。

この二つは、とても大切な日々の言葉だと思っています。ありふれた言葉なのに、改めて言うとなると曖昧にしがちですが、大事に使っていこうと決めています。たとえば家族のバースデイに、少し照れくさくても「いつもありがとう」とカードを書く。これだけで自分も嬉しくなります。「ありがとう」の力で、持ちものを点検することもできます。これを機会に、自分が常になにに感謝し、なにに対していつも「ありがとう」と思っているのか、知っておくといいのではないでしょうか。

ノートを取り出して、まずは自分の持ちもののうち、いつも「ありがとう」と思っているもの、人、状況を書き出してみます。

次に自分の持ちもののうち、「ごめんなさい」と感じることをリストアップします。僕は完璧《かんぺき》でもなく、できないことだらけで、思いどおりにいかないことがたくさんあります。だから「ごめんなさい」と感じることはいっぱいあります。直さなければいけない癖が直せていないと気づけば、「ごめんなさい」のリストに入れます。「いつもせっかちでごめんなさい」という具合です。

自分の体に対しても、「ごめんなさい」をリストアップするといいでしょう。僕はタバコを吸いませんが、禁煙に失敗している人であれば、「タバコはよくないとわかっているのに、長年タバコを吸ってきて、体にごめんなさい」という項目ができるかもしれません。

「ありがとう」と「ごめんなさい」のリストは、書けば書くほどいっぱい出てきます。僕は「書き出すことは実に心の健康に役立つ」と思っており、常にノートに書いています。

日々のいろいろな出来事のなかで、いつも元気でいるのは難しいものです。落ち込んだり、意味もなく悲しくなったり、いろいろとあります。そういうときに心のストレッチとなるのが、「ありがとう」と「ごめんなさい」を書き出す習慣。これをやるとなぜか気持ちが楽になる、いわば困ったときの「心のくすり箱」です。

「ありがとう」については、ささやかなことでも取り上げます。たとえば伸びてくれる爪に「ありがとう」。健康に感謝するということです。朝の空気でも、気持ち良い笑顔の店員さんでも、「ありがとう」として取り上げます。

「ごめんなさい」については、どうしても苦手なAさんに関して、「うまくつきあえなくてごめんなさい」「なかなかこれが言えずにごめんなさい」と書いたりします。嫌いだ、苦手だという意識によってなにか学びがあると感じれば、「Aさん、ありがとう」と書くこともあります。

なにごともまず「ごめんなさい」と自分の非を認めることが大事です。苦手な人に「ありがとう」と書くなど無理だと思う人もいるかもしれませんが、僕は「いいことも悪いことも、すべて自分が原因である」と考えています。

## 自分の思うままにいかない原因は、自分。誰かがいやな態度で接してくる原因も、自分。

誰かとうまくいかなければ、「もともとは、彼に対する僕の態度が悪いんだな、ごめんなさい」と思うようにしています。なぜなら、僕はそんなに強くもないし、いつも正しいわけでもありません。自分に対して自信がないから、素直に「ごめんなさい」と思えるのです。謙虚といったことではなく、「どんな人もいつも自分になにかを教えてくれている」ととらえているから、「ありがとう」と感謝できる面もあります。

こうして今までの自分の心と向き合ってみましょう。「ありがとう」と「ごめんなさい」を書き出してみると、たぶん「ありがとう」のほうが多いような気がします。

眺めているうちに、やはり感謝の気持ちがわいてきます。

# いつでも「役立つ道具」でいる

僕は「自分が○○したい」とあまり考えたことがありません。四十代後半となった今もそれは変わりません。**なにをするかを自分が選ぶのではなく、世の中に「役立つ道具」として、自分を選んでもらう感覚です。**

僕の場合は、いささか特殊な例かもしれません。若いころから「こんな職業に就きたい」「社長になりたい」などと、いっさい思ったことがありません。「本屋になろう」なんて生まれてから一度も思ったことがないけれど、たまたまみんなが必要としてくれて、チャンスを与えてくれたから、それに応えて一生懸命やっていたら本屋になっていました。

「文筆家になりたい」ともまったく思ったことがないけれど、たまたま「書いてほしい」と言う人がいて、喜んで読んでくれる人がいるから、こうして一生懸命にやっているだけです。

「暮しの手帖」の仕事も、僕がやりたいと望んだわけではなく、「あなたが必要です」という求めとチャンスに応えることで始まりました。

たとえば、これから世の中が「松浦さん。あなたは毎日、道路を掃除してください。あなたしかいないのです」と求めてきたら、僕はなんの迷いもなく今の仕事を全部辞めて、掃除人になるでしょう。それがたとえ地球の裏側の小さな村の道路でも、喜び勇んで出かけます。


つまるところ、僕は自分について自信がないのだと思います。

学歴もないし、たいした資格も持っていないし、世の中を渡り歩く武器など、なに一つ持っていません。だから早くからこう考えるようになった気がします。

「自分がなにになるかなんて自分で選べない。それなら、人に必要とされることに自分を役立てよう。人に選んでもらおう。人に選んでもらい、人の役に立つ道具になれるように、自分を磨いておこう。そして、絶対に損をさせないことを約束しよう」と。

これからの人生を考えたとき、もしも「自分はこういうことがしたい」「こんなふうになりたい」というイメージがしにくい人がいたら、逆のことを考えてはどうでしょうか。

「自分がやりたいことではなく、人に求められ、人の役に立つことをしよう」と。

あるいは、「こういうことがやりたいのに、どうもうまくいかない」というジレンマを抱えている人も、「やりたい」という思いをいったん手放してみましょう。

生きている以上、人は変化を続けるものですから、これからの自分と今までの自分は違います。それなのに過去の自分をひきずったまま、「これがやりたい」「こうなりたい」とイメージしたら、なかなか叶《かな》わないことが出てくるでしょう。

たとえば、再就職の話があっても、こんなことを言って断る人がいます。

「いくらなんでも、そんな仕事はちょっと。僕にもプライドがあるしね」
「そんなこと、やったことがないし」
僕はこの類《たぐ》いの話を見聞きすると、なんてもったいないことだと、びっくりします。「あなたが必要です」と言ってもらえるだけでもありがたいし、僕ならそれがどんな仕事であろうと、大喜びで挑戦するでしょう。

これは人生の不思議なところで、僕もまだはっきりわかっていないのですが、ときどき、ふと思います。

自分がやりたいことをやり続けても、人から求められたことをやり続けても、結局は同じだと。情熱を持ち、真摯《しんし》であれば、ルートは違っても最終的に、心の奥でずっと行きたかった場所に、ちゃんとたどり着けるのではないかと。

僕ももしかしたら、これからは「自分はこれがしたい！」という強い思いを抱く人間に変わるかもしれません。

これからの人生、どちらの道を行くにしても、健康を保ち、身なりをきれいにし、挨拶も笑顔できちんとする人間でありたい。人の役に立つ道具でありたいと思います。

# 満たされない思いと向き合ってみる

楽しいことは、怖い。気持ちいいことは、怖い。

それが楽しければ楽しいほど、気持ちよければ気持ちよいほど、怖さもセットでついてきます。

快楽という言葉だと大袈裟《おおげさ》に感じるかもしれませんが、自分がしていて楽しいこと、気持ちいいことは、そう呼んでいいと思います。我を忘れてしまうほど、夢中になってしまう娯楽や、興奮を伴う気持ちよさ、やめたくてもやめられないほどの嗜好品はみな、快楽のためのものだと感じます。

行き過ぎたギャンブル、お酒や煙草がこの範疇《はんちゅう》ですが、もっと身近な快楽もあります。

眠ること。遊ぶこと。食べること。

買い物。パソコンやスマートフォン。性的なこと。

ゲームやマンガ、テレビ、あるいは本。

現実逃避させてくれる「ツール」は、枚挙《まいきょ》に暇《いとま》がありません。

人間は弱いものだから、楽なほうへと流れますし、僕にしても快楽を求めることはままあります。誰でも、生活のなかに快楽を取り入れているものですし、ときには現実逃避でもしなければやっていられないほど、辛《つら》いこともあるでしょう。

問題なのは、快楽がどんどん巨大化して、それに支配されてしまうこと。

**いっとき、寂しい心を紛らわそうとして味わうためのものだった快楽が、のべつまくなしに必要になると、注意が必要です。**

自分でも、いけない、怖いと気がつくけれど、もう身動きがとれなくなっています。

「やめよう、やめたい」

そう思うのに、息を吸うように、水を飲むように、やめたくてもやめられなくなります。

「この快楽を失ったらどうしよう」

そんな不安と寂しさにも襲われるようになります。

絶えずスマートフォンを持ち、メールをしょっちゅうチェックしないと不安でたまらないといった状態になっているのであれば、同じように快楽に支配されています。

楽しんでいたつもりの快楽に、支配される。これは、小さい猫をかわいがっていたはずなのに、いつのまにか恐ろしい虎に育っていて、気づけば食べられてしまいそうになるさまと似ています。

猫を甘やかしたのは、自分。

猫が虎になってしまうくらい、過剰に餌《えさ》を与えていたのも自分。

つまり、猫は勝手に大きくなって、虎になったわけではありません。自分自身が、猫を虎に育ててしまったのです。

快楽に支配されないためには、なぜ自分がその快楽を求めたか、その理由を明確にすること。

なにが苦痛だったのか。

なにがむなしかったのか。

なにが悲しかったのか。

満たされない思いは、どこからきているのか。

理由を知るためには、自分と向き合わなければなりません。本を読むのでもなく、人の話を聞きに行くのでもなく、自分の内側としっかり向き合うのです。

そうすれば、「もっと、もっと」と過剰に快楽を求める状態から解放されます。快楽に対して少し距離を持てるようになり、「ありがとう」という感謝の気持ちを抱くようになります。こうなれば、「もう、充分。満足です」と、ほんのわずかの快楽だけで、あなたは満たされるのです。

巨大な虎は、あなたのかたわらで丸くなる小さな猫になり、またかわいがることもできます。

自分と向き合うというのは、簡単そうで難しいことです。

瞑想法《めいそうほう》を知っているなら、それを試してみてもいいでしょう。真っ白い壁に向かうのが良ければ、それも一つの方法です。

**僕が試して、いいなと思っているのは、手のひらをじっと見つめること。**

手のひらは、いちばん身近な自分の内側です。一日に一度は必ず独《ひと》りになる時間をつくって、じっくり自分の手のひらを見つめてみましょう。

たぶん、最初はなにもわからないと思います。なにもしないで手のひらだけを見ているというのは、苦痛かもしれません。ボーッとしているうちに時間が過ぎてしまった、というのがせいぜいでしょう。

それでも必ず、自分の心のなかが見えてくる瞬間が訪れます。

苦痛、むなしさ、悲しさ、満たされない思い。

すると不思議なことに、安心するのです。「私はここを直せばいい」と素直な気持ちが生まれてきます。なんとなくおなかのあたりが痛くてお医者さんに行くときは不安ですが、診断され、「ちょっと胃が炎症を起こしていますね」と原因がわかればほっとするのと同じです。

苦痛に必要なのはくすりや休息であり、快楽は元気なときにこそ楽しめるものだということも、自然にわかってきます。

快楽に依存せずにすむようになれば、「快楽を失う不安と寂しさ」は遠のいていくでしょう。

じっくりと自分の手のひらを
見てみましょう。
自分自身のことが
見えてくるかもしれませんよ。

# 成長し続けるために語学を学ぶ

今日が面白くて、明日も面白い。

そんな日々がずっと続けば、幾つになろうと成長し続けられると思っています。

**面白く日々を過ごすには、自分に刺激を与え、挑戦し、ちょっと困ったり、うんと頑張ったりするといい気がします。**

僕の挑戦であり、ちょっと困ることであり、時にはうんと頑張ったりすることは、語学の勉強です。英語、フランス語、中国語の三カ国語のレッスンを受けています。

若いうちは友だちと遊ぶことが刺激になり、毎日の面白さになっていました。ところが年をとればとるほど忙しくなり、なかなか頻繁には会えません。

毎朝走って、語学を学ぶ。理容店に行き、歯医者に通い、映画を観《み》たり本を読んだりする。もちろん仕事もありますし、七時の夕食の時間は厳守しなければなりません。健康のために早寝早起きを守るのももちろんです。こう考えると日々は「自分の予定」がびっしり詰まり、人が立ち入る余地がないほど忙しいとわかります。

年をとって暇というのは本当に悲しいので、この「大忙し！」の状態はむしろ歓迎です。だから僕は「友だちに会えないぶん、自分で学んだり成長したりすることで、刺激や面白さを得よう」と考えている面もあります。

「いっぺんに三カ国語なんて、大変じゃないですか？」

驚かれることもありますが、続けてみるとマラソンと同じで、意外とできてしまうものです。英語は二週間に一回。フランス語と中国語は週に一回。早朝や空き時間を利用して、個人レッスンを受けています。夕食後に一時間確保してある読書の時間に、英語、フランス語、中国語の本を読んだりもします。

「勉強しているだけあって、だいぶ読めるようになってきた！」と思う日もありますが、そんなことはごく稀《まれ》で、めきめき上達なんてわけにはいきません。まさに牛歩というところです。

若いころに比べると記憶力が衰えているので、憶えては忘れてしまうこともあります。それでも、やらないよりはずっといいでしょう。ゴールはまだまだ先なのですから、辛抱強く同じことを繰り返すと覚悟を決め、じっくりやるつもりです。

時折、「英語のブラッシュアップはともかく、なぜフランス語と中国語を選んだのですか?」と訊《たず》ねられます。英語はグローバル時代の共通語なので必要性を考えるまでもないけれど、そのほかの言語を二つもというのが疑問なのでしょう。しかし、「英語ができる＝グローバル」というのは、少し早計のような気がします。

僕たちは日本でずっと生き、日本の文化を学んできましたが、世界には違う文化がたくさんあります。これからはもっと新しい文化を学びたい。仕事にしても、趣味にしても、友人関係にしても、外の世界に自分が窓を開かない限り、なにも変わらないし、つまらない。そんなふうに感じています。外の文化にふれるツールとして、英語以外の言葉で自分に必要なのが、僕の場合はフランス語と中国語だということなのです。

フランスにはしょっちゅう仕事で行っていたのに、言葉ができずに苦労しました。もしもフランス語でコミュニケーションがとれたら、フランス文化から学べることは、きっとたくさんあるはずです。日本人にない発想や理念、伝統があるのにリベラルなライフスタイルは、きっと大いなる刺激となるでしょう。

僕には中国人の友人が多くいます。今は英語で話していますが、もし中国語でコミュニケーションがとれたら、中国四千年の歴史からくる奥深い知恵を学ぶことができるかもしれません。ビジネスにおいても中国はこれからうんとかかわっていく国なので、学んでおけば心強いと思います。

どんな言語を選ぶかは人それぞれでいいと思いますが、あきらめたらおしまいです。

「外国語なんて面倒くさいからいいや。日本人とだけつきあっていればいい」

こうした思考に陥ったとたん、これからの人生は成長する旅ではなく単純に年老いていく歳月となります。

年をとればとるほど、語学の勉強は必要性を増します。新しい文化を学んで若々しく成長を続けるためにも語学は必要ですが、日本の文化を知悉《ちしつ》し、その文化を世界に伝える役割を果たすには、語学が不可欠だからです。

日本の豊かな文化を、年齢を重ねた大人が、いろいろな言語を通じて世界に与え続ける。これもまたグローバルな生き方ではないでしょうか。

## この章のまとめのエクササイズ

自分の弱い部分と強い部分。自分が抱えている不安と寂しさの正体。
それが知りたいなら、自分自身と向き合うことです。
「自分のことならよく知っている」なんて思い込みです。
僕たちの毎日は、外からの刺激と他者がまきちらす気配で満ちていて、
静かに自分だけに浸《ひた》る時間はなかなかありません。
だからこそ、じっくり自分に向き合うと、そのたび新しい気づきがあります。

僕がおすすめするのは、たとえば一人旅。
旅はすごく簡単にできるうえに、自分の弱い部分、強い部分、
得意なこと、苦手なことがわかります。

一人だったらなおさらです。
一人旅をしてみましょう。
行き先は知らない街。
言葉も通じないようなところに行くのが理想です。

# 第二章

# 孤独と共感のバランスがあなたを大人にする

# 孤独を受け入れることは大人になること

十代後半であてもなくアメリカに行ったとき、僕は長いこと、ぼろぼろの安ホテルの部屋に引きこもっていました。自由を求めて違う国に行ったのに、街を歩こうとすらしなかった理由は、独《ひと》りである自分を、認められなかったから。

街に行けば、家族連れがいます。友人同士のグループがいます。カップルもいれば、仕事仲間らしき人たちもいます。そんななかで、僕だけが独りだったのです。

自分なりに面白い人間であるつもりでいたのに、友だちもいない。英語も話せないから、友だちどころか、話す相手もいない。歩くのも独り。映画を観るのも独り。軽く食事をしようと、レストランに行っても独り。いいえ、正確にはレストランには行けませんでした。

お金がないという理由ではありません。値段も手頃でおいしそうな店に見当をつけ、窓から店のなかをのぞいたとたん、恥ずかしくて入れなくなりました。

すべての人が誰かと一緒に楽しそうに食事をしているなかで、ろくに英語が話せない自分が、一人ぼっちでボソボソ食事をするって？　なんてみじめなんだろう。

気持ちがいじけて足がすくみ、それなら汚いホテルの部屋で、ポテトチップスでもかじっていたほうがましだと思ったのです。

あのころの僕はどっぷりと、「独りという不安と寂しさ」に浸《つ》かっていました。

「独りという不安と寂しさ」は、大人になるどこかのタイミングで、痛烈に感じるものだと思います。

たとえ家族や友人や恋人がいても、自分が天涯孤独だと恐ろしくなる感覚。

誰もわかってくれないという、疎外感でいっぱいになる感覚。

大学生になって地方から都会に出てきたときや、社会人になったときにこの感覚を味わう人もいるでしょう。ずっと家族や友人、知り合いがいつも気にかけてくれたし、誰かしら声をかけてくれていたのに、ぱたりとそれが途切れるタイミングです。

誰からも電話がないし、メールすら来ない。そのとき、たぶん気がつくのです。自分から電話をかけ、メールをし、声をかけ、会いに行かない限り、独りのままだと。

これに気がつくことが、子ども時代にゆるされていた安全な浮き輪を外し、独り立ちするということかもしれません。**人間は誰しも孤独だと受け入れること。これが大人になることだと僕は思います。**

アメリカで独りだった僕は、やがて「独りという不安と寂しさ」に押し潰されそうになり、思い切って外に出ました。

「自分は独りじゃない、寂しい人間じゃない」

そうやって取り繕い、見栄を張る余裕すらなくなった僕は、仕方なく独りであるみっともない自分をさらけ出し、勇気を出してできない英語で人に声をかけるようになったのです。

そこから出会いが生まれました。友だちもできました。

**「独りだからこそ、人と出会えて、関係を築くこともできる」**

これは僕が大人になるための孤独のレッスンであり、救いとなったのでした。

大人になっても、「独りという不安と寂しさ」は消えません。

長くつきあえる友だちができ、生涯を共にするパートナーができ、家族をつくり、仕事を通した仲間ができても、不安と寂しさがいっそう増すことがあります。

手に入れたものと引き換えに、「かけがえのない大切な人が、いなくなってしまう不安と寂しさ」が襲いかかってくるのです。

親しい友だちと疎遠になったら？　パートナーと別れることになったら？　会社を辞めることになったら？　親が亡くなってしまったら？

なかには、「たった独りで死んでいく自分」という恐怖に取り憑《つ》かれてしまう人もいます。そんな人は、独りである不安をなくして寂しさを埋めようと、悲しいまでに必死の努力をするのかもしれません。

もしここに、「将来、独りになったらどうしようと不安です」とつぶやく人がいたら、僕は即座に答えます。

「ちょっと待って。将来、独りになったらどうしようじゃなくて、あなたはもうすでに独りだし、これからもずっと独りだよ」

こんな話をすると、「他人事だと思って冷たい、ひどい」と感じるかもしれません。

だけれど僕は、本当にそう思っているのです。

両親が健在だろうと亡くなっていようとなにかの事情で別れていようと、友だちがいようといまいと、結婚していようとしていまいと、子どもがいようといまいと、同じです。

すべての人は大人になったら、死ぬまでずっと独りで、孤独を背負って生きていく。この事実から、目を背《そむ》けてはならないと考えています。この世に生きる全員が、平等に孤独だというのが僕の考え方です。

**孤独であることは人間の条件であり、試練であり、強みでもあります。誰にも寄りかからない個としての自分があってこそ、自立歩行で、自分らしく生きていけると思います。**

草原のシマウマは群れで行動する「社会性のある動物」とされるそうですが、生き方を自分で決めることはできません。どこに行くかはグループ全体の意思で決まり、なにかを食べるときもグループみんなが一緒です。ライオンに襲われたときは、グループ全体が生き延びることを優先し、なかの一頭が犠牲になっても「別にかまわない」と考えます。

シマウマには「個」がなく、「群れ」こそ生きる単位だからでしょう。

しかし人間の生きる単位は「個」であり、僕たちはそこにかけがえのなさを見いだすいきものです。だからこそ僕は、孤独であることは人間の条件なのだと思うのです。

とはいえ、「独りという不安と寂しさ」は、ときに命さえおびやかす大きな試練です。その辛さは、僕にも充分にわかります。なぜなら、孤独は特別なことではないから。誰もが孤独を抱えて生きているから。それは僕にしても同じです。

何百人もの人が行き交う大きな街の交差点に一人で立っているとき、孤独が襲いかかってくることがあります。

「あの人たちは仲が良さそうだ」

「まわりはカップルばかりなのに、自分だけ独りだ」

しかし、本当にそうでしょうか？

交差点にいる何百人もの人全員が知り合いで、自分だけが疎外されているなんてことはないし、たとえグループで歩いていても、誰もが等しく孤独を抱えています。

デザイナーや編集者なら知っていることですが、肉眼で見ると真っ赤に印刷された紙も、校正用のルーペで見ると、無数の赤い点の集まりです。これと同じで、人はみんな一緒にいるようでいて、実は無数の孤独の集まりだということです。

自分をごまかさず、「孤独は不安だし、寂しい。そう感じるのは心の自然な動きだ」と受け入れてしまえば、苦しみは少しやわらぎます。「みんな孤独だ」と知り、痛みを抱えたもの同士として誰かに声をかけてみると、孤独は強みに変わります。

一対一で向き合うから、人と人はつながることができます。

**不安や寂しさをやわらげ、孤独と仲良くするには、自分を愛することです。**

心の穴を埋めようと誰かに会いに行ったり、外へ外へと出て行ったりする前に、自分とじっくり向き合い、自分の内面と向き合うと決めることです。

弱いところ、強いところ、良いところ、いやなところ。

目を背けず、自分という人間を、とことん愛してみましょう。孤独に生きていく僕たちですが、自分自身だけは、死ぬまで一緒のパートナーです。

集団のなかにいる安心感、親しい人と過ごす喜びは確かにありますが、それは一瞬で消えてしまうもの。自分にもっと、関心を持ちましょう。知りましょう。
受け入れましょう。そして、愛してあげましょう。

今日一日は
一人で自分に向き合ってみようと決めて、
独りで過ごしてみましょう。

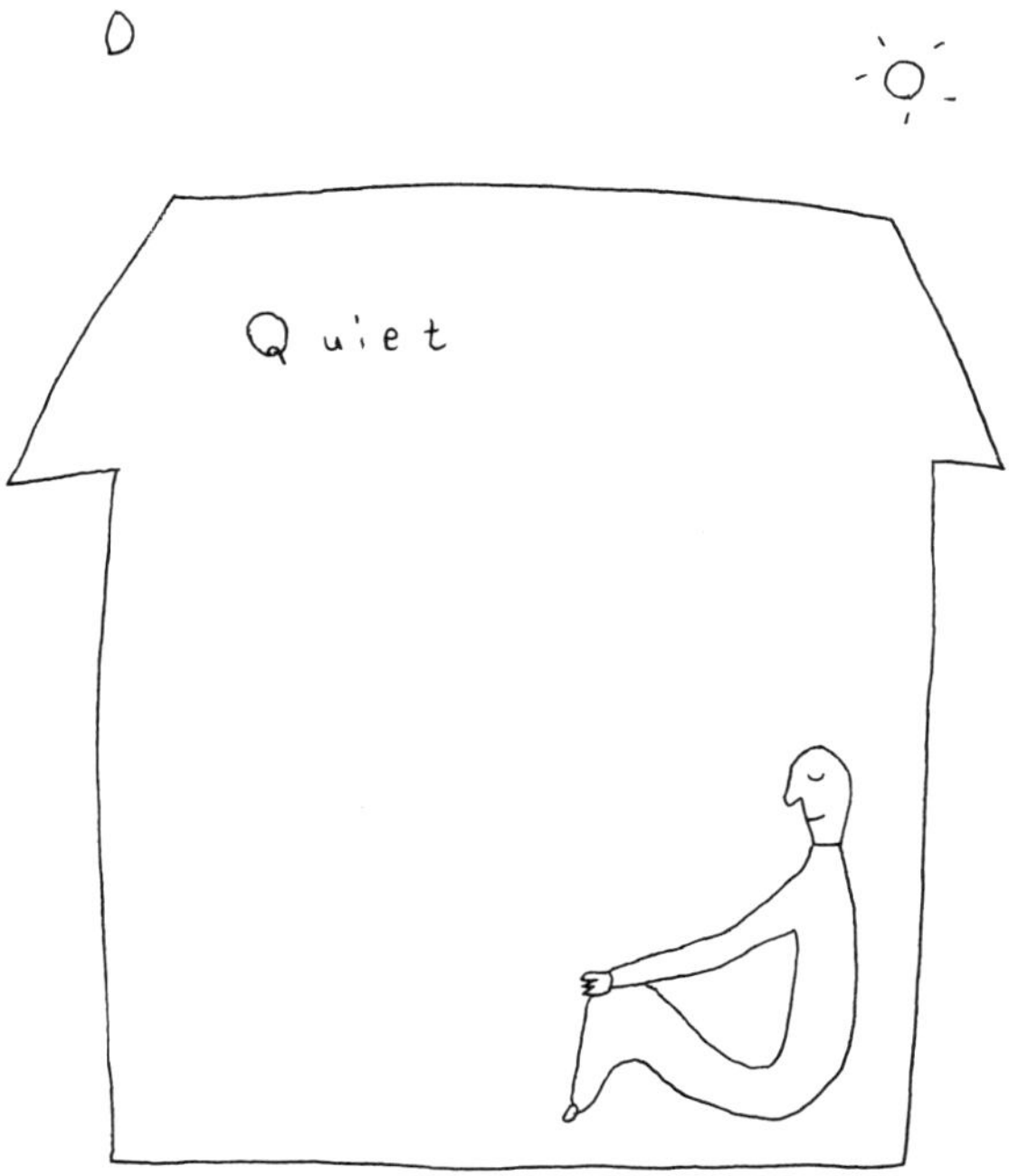

# 失敗が怖いなら

失敗が怖くて踏み出せない。なにかを始める前にはいつも、「もし失敗してしまったらどうなるんだろう」と考えすぎてしまう。

そんなとき僕がいちばん最初に考えることがあります。

**「これをしなかったら、どうなるんだろう？」**

新しい仕事でも日常生活でも人間関係でも、最初の一歩が踏み出せないときにする質問です。もっと深く考えたい場合は、「これをしなかったときのマイナスとは？」と自問します。

答えはたいてい、「してもしなくても同じ」とはなりません。

「あっ、これをしなかったら、困ったことが起こる」

「これをやらずにいたら、仕事の責任が果たせない」

「やらなければ、約束が守れない」

たいていは「しなかった場合のマイナス」がたくさん出てきて、「よし、やろう」という覚悟の気持ちがわいてきます。

いざ始めても、「失敗への不安と寂しさ」が完全に消えないときは、二冊の本から教えてもらったことを思い出します。

一冊目は、辰巳芳子《たつみよしこ》さんの『庭の時間』（文化出版局）。

料理研究家であり、食の根幹となる家庭料理の力を教えてくださる辰巳さんが、ご自宅の庭、料理、四季について綴《つづ》ったこの本には、素晴らしいことが書いてありました。

「先手、段取り、用意周到、念入り」

辰巳さんは梅干しなどの保存食「仕込みもの」に必要なこととしてこの四点を挙げています。僕は、これはすべてに言えることだと思いました。

とにかく先手を打ち、常に後手にならないように気をつける。物事を進めていく計画を、自分できちんと立てる。順番もしっかりと確認する。

僕もなにかをするにあたっては、まずしっかりとリサーチしたり、いろいろな可能性を考えるようにしています。

調べるというのは物事が見えてくることでもあり、見えてくれば「失敗したらどうなるんだろう？」という漠然とした不安は消えていきます。

あとは心を込めて、ていねいに仕上げていく。「失敗への不安と寂しさ」に費やす心のエネルギーを、ていねいに作業をすることに振り向けていきます。

二冊目は、『うらおもて人生録』（新潮文庫）。

作家である色川武大《いろかわたけひろ》さんは『怪しい来客簿』（文春文庫）、『狂人日記』（講談社文芸文庫）などの作品で知られます。勝負事をテーマに描いた『麻雀放浪記』シリーズ（文春文庫）などの筆名は、阿佐田哲也《あさだてつや》。よく知られているように、勝負師でもある彼が、「麻雀をしていたら、いつのまにか日が出ていて『朝だ、徹夜してしまった』と思う」という洒落《しゃれ》からつけたということです。

色川武大さんが、『うらおもて人生録』のなかで、人生について書き記したのがこの言葉です。

「八勝七敗なら上々。九勝六敗なら理想。一生が終わってみると、五分五分というところが、多いんじゃないかな」

一五試合のうち八勝七敗なら勝ち越しています。長く続けていくには、このくらいでちょうどいいということです。また、同じ本で「圧勝は、別くちで圧敗を招く」、すなわち、すべてに勝つ圧勝には、必ず別の一五試合で高い代価を支払わされる、とも言っています。勝ちすぎた熱で、やけどをすることだって、あるでしょう。

僕はとくに仕事のうえで、この考え方を取り入れています。一五のプロジェクトが進んでいても、そのうち八つが自分の想定どおりにうまくいけば、あとはまあまあでいいくらいの感覚です。手を抜くというのではなく、結果にくよくよしないということです。

全勝していない人間というのは、目立たないしスターにならないものです。しかし結果的にはそのほうが自分らしくいられるのではないでしょうか。

**もう一つ、自分で工夫している失敗とのつきあい方は、最悪のパターンを想定しておくこと。**先手を打って、段取りを組み、用意周到にやっておきますが、それでも大失敗となることはあります。そこで、「いちばん起きてほしくない事態はどんなことだろう?」と、あらかじめ考えておくのです。

これは不安や寂しさを増幅させる想像力の暴走とは違います。あくまで冷静に、自分のコンサルタントになったみたいに「最悪の失敗パターンその一は……」と挙げてみます。

不安と、「いちばん起きてほしくない事態」を挙げることのいちばんの違いは、具体的であること。

「なんとなくうまくいかないのではないか」というのが失敗への不安ですが、「○○が原因で、それが○○になって、結果として○○になる」というのが最悪のパターンの想定です。「○○」の部分が具体的ですから、いざそうなったときも、逆転して成功にもっていくこともできますし、そうはうまくいかなくても、必ずなにか学べます。

**気をつけたいのは、「失敗への不安と寂しさ」に負けて、なに一つ行動しないこと。成功の反対は失敗ではなく、なにもしないことなのです。**

これだけは憶えておきましょう。

「成功の反対は失敗ではなく、
なにもしないこと」と考えて、
まず一歩を踏み出しましょう。

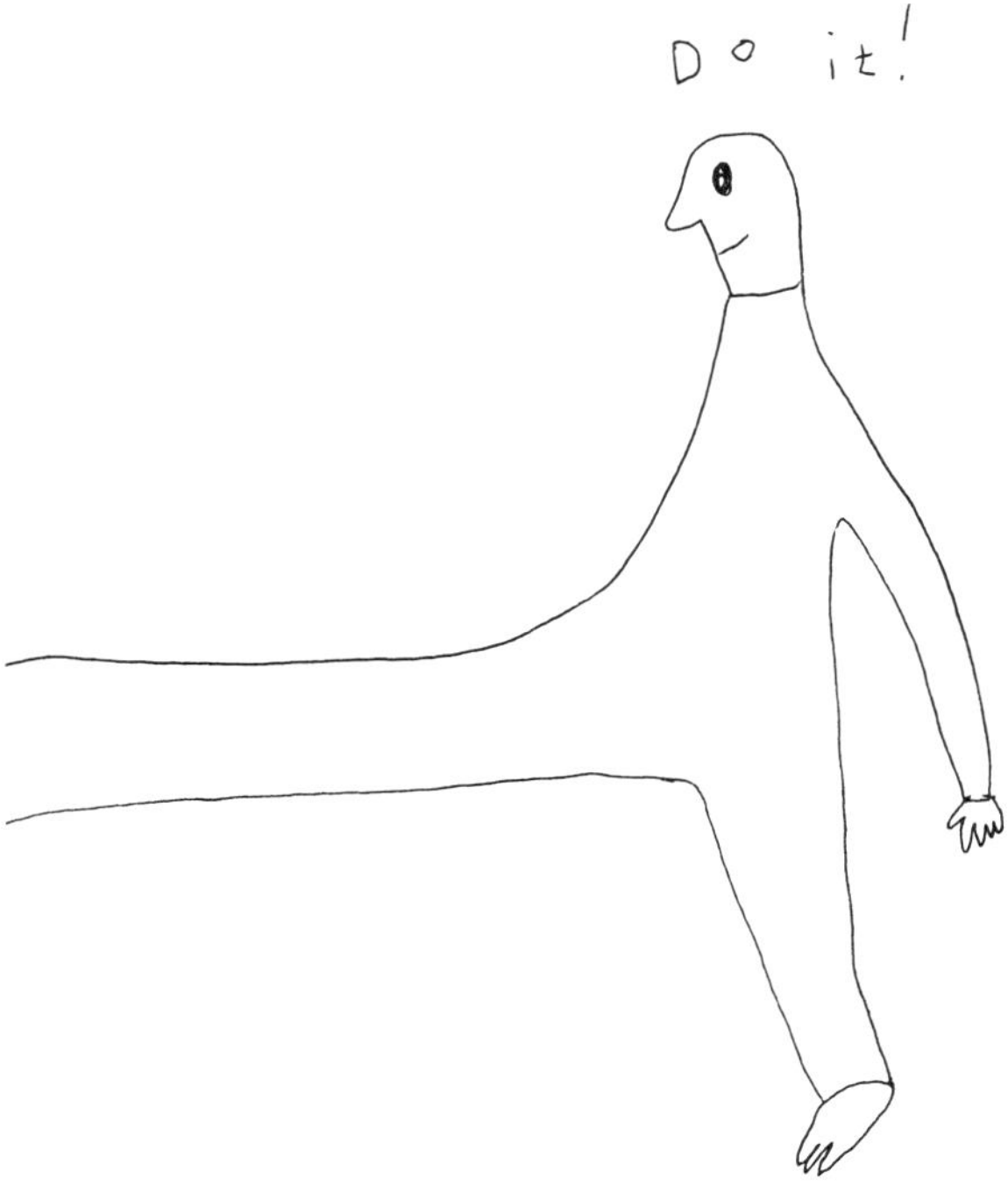

## 人生には見切り発車する勇気も必要

そこは、見たこともない、生まれて初めて訪れた場所。

あなたには地図もない。一緒に歩くパートナーもいないし、案内してくれる人も見当たらない。それらしき標識もない。どうしても、たどり着きたい場所があるのに。

さあ、どうしようとなったとき、僕だったら歩き始めます。

南を目指すか北に進むかわからなくても、あてずっぽうに南に踏み出し、間違っていたら北に方向転換。坂道を登るのがちょっとしんどそうなら迂回《うかい》し、それでもまた坂なら、腹をくくって登ります。

歩いても、歩いても、なかなかたどり着かない。

そうしたら、たぶん不安になってきます。

歩いていれば日も暮れるし、月明かりはかすかなもの。星すら見えない闇夜《やみよ》もあるし、だんだん、寒くなってくるかもしれません。

一人ぼっちだから、心細いし、寂しい。おなかもすくし、くたびれてくる。すると不安がささやくのです。

「見当違いの回り道をして、無駄なことをしているんじゃないか？」

「こんなところをあくせく歩いても、そもそも方向が違うのかも」

「たどり着きたい場所になんか、たどり着けやしない道を歩いているのかもしれない」


賢い人は、僕みたいに闇雲《やみくも》に歩き出したりしないのかもしれません。

生まれて初めて訪れる場所だったら、出発する前に誰かを探して、道を聞く。あるいは、図書館を探して地図を調べる。もっと簡単に、いつもポケットに入っているスマートフォンで検索をする。

歩き出す前に、あらかじめ整備されているはずのルートを確かめたい、調べたい、人に聞きたい。そうやって、全部の不安をぬぐい去ってから、出発しようとする賢い人はたくさんいます。

なぜなら、「成功しないかもしれないという不安と寂しさ」を消したいから。「大丈夫、安心してください。この道を行けば、絶対にたどり着きたい場所に到着できます。所要時間は○時間です」

こんなメッセージを手に入れて、道に迷わず、不安を抱かず、たどり着きたい場所まで最短距離をとりたいと願うから。

ところが残念なことに、仕事や人間関係、自分の目標といった「たどり着きたい場所」は、ネットの地図検索では調べられません。そもそものための正しい方法も、ルートも地図もないのです。

人に聞いても、正解はわからない。「絶対にたどり着ける」なんて保証は、誰もしてくれないし、どこにもない。どれだけ考えたところで、わからないのです。

**まずはこの事実に気づき、受け入れるしかないと感じます。いくら賢くても、**

**「わからないことはある」という厳しい事実を。**

わからないことがあると認め、頭でっかちな賢さを放り投げてしまうと、歩き出す勇気がわいてきます。

歩き出したところで相変わらず、成功にたどり着けるかどうかはわからないままです。しかし、歩き出さずにたどり着ける場所など、ありません。行動しないことには、なに一つ始まらないと僕は思います。

また、行動すると絶対になにかしらの発見があります。歩き出すと次の道がわかったり、今の道が違うとわかったり。こうして少しずつ、次のステップが見つかっていくのです。

**行動と発見の繰り返し。**

**これこそ、たどり着きたい場所にたどり着く、唯一の方法なのではないでしょうか。**

「うまくいくかな？」

「成功するかな？」

あなたがもし、こんな不安と寂しさにとらわれているとしたら、賢くて、よく考える人である証拠です。でも同時にそれは、あなたがなにも始めていない証拠でもあります。

もし、「成功しないかもしれないという不安と寂しさ」をなくしたいなら、とにかく行動しましょう。

もう、地図などないと気がついたのですから、あきらめてしまいましょう。具体的な設計図もいりません。予定表もなくていいのです。

行動してしまえば、自然と計画性が出てきますし、歩いているという実感が自信をもたらし、「成功しないかもしれないという不安と寂しさ」を、徐々にやわらげてくれるでしょう。

**仕事でも、ほかのことでも、僕が出会ったすてきな人たちは、たいていが見切り発車です。**誰よりも早く始めてしまう、潔さと勇気を持っています。

「これで成功間違いなし」となるまで、じっとしたままあれこれ考え、不安にがんじがらめになって動けないでいると、それは癖になり、ますます動けなくなります。

その癖に足を取られて、せっかく持っている輝きや賢さを曇らせてしまう悲しい人も、ずいぶん見てきた気がします。

だから歩き出しましょう。

最初の一歩を踏み出しましょう。

勇気は頭からでなく、足からわいてくる。そんなこともたくさんあります。

一歩を踏み出した先に
丸太があったら、
乗り越えていけばいいのです。

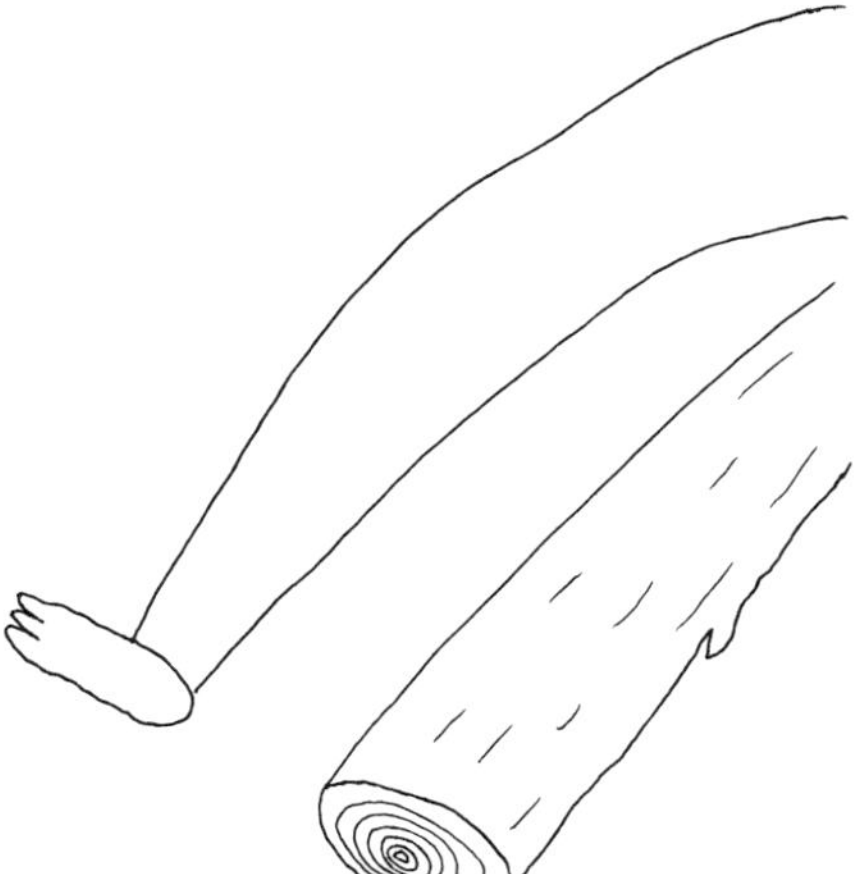

## 本は世界とつながる親切な友だち

僕にとって読書とは、娯楽であり、趣味であり、勉強です。四十歳を過ぎてから、自分なりに頑張って勉強のために読もうとしているのは歴史書です。断続的ではありますが、とぎれとぎれの点線で、人生のその先までずっと続けていきたい習慣です。

日本史でも世界史でも、歴史から学ぶことは本当に多くあります。時代は変わっても人間の本質は変わらないからでしょう。なにを思うか、なにを感じるか、どんなときにわくわくし、どんなときに心が砕けそうになるのか。江戸時代も今も、ライフスタイルが違うだけで人の気持ちはまったく同じで一緒だと、つくづく感心します。

歴史の本には、人類が犯したたくさんの失敗や過ちが出てきますが、そこから必ずなにかしら学べます。

「そうか、こうやって人は大問題も解決できたんだ」

「人間が犯す失敗には、こういうパターンがあるんだ」

**なにかに悩んだときは歴史の本を読むと、だいたい答えが見つかります。**


歴史を知ると、外国の人といろいろな話ができます。日本の歴史はもちろん、世界史も、知っていそうで知らないことがたくさんあります。年号を丸暗記するのではなく、文化を含めた歴史の勉強は大人にぴったりではないでしょうか。

僕は司馬《しば》遼太郎《りょうたろう》さんがすごく好きで、『街道をゆく』（朝日文芸文庫）から始めて彼の書く歴史書を次々と読み、学んでいます。どれもすごくわかりやすくて明快ですし、世界中を旅行している司馬さんならではの広い視点が魅力的です。

司馬さんの本で一つの時代に興味が出れば、別の作家の本を読んでみるという具合に読書をしています。

世界史を学ぶなら、まずは手に入りやすく手頃な、マクニールの『世界史』

（中公文庫）がおすすめです。読み込むうちに、副読本となるような本へと興味も広がっていくはずです。

## 年をとるのが怖い？

いくら避けようとしても、決して避けられないことがあります。

この事実を受け入れることが、人間らしさだと僕は思っています。

なにをどうやっても避けられないことを避けようと苦労しても、くたびれるだけです。「これは頑張ればなんとかなるけれど、これはどうあがいたところで、避けようがない」と見極めることが大事だと感じます。

年をとり、老いていくというのは避けられないことの一つで、「耐えるしかない」と受け止めたほうがいいでしょう。立ち向かおうとすれば、日に日に自分が辛くなっていきます。

**人間は、どうやっても避けられないことについては、耐えられるようにできています。**「避けられないことを避けよう」と必死で暮らすことと、「避けられないけれど、耐えられる」と腹をくくって生きることには、大きな違いがあります。

加齢による外見や肉体の衰えを食い止める方法は、びっくりするくらい世の中にたくさんあふれています。それだけ、「老いの不安と寂しさ」を感じている人はたくさんいるということでしょう。ことに女性はその傾向が強いと思います。

加齢を食い止めようとする化粧品もサプリメントも健康法も山ほどあります。しかし、どんなに効果的な製品でも方法でも、年をとることは止められない。時間を止めることができないのですから、当然の話です。

しかし、老いは止められないというのはあくまで肉体の話で、精神は別です。

あなたは鏡をじっくりと見ているでしょうか？　女性ならたいてい、お化粧するときやお風呂上がりに、鏡をのぞいていると思います。

そのとき見ているのはどこでしょう？　メイクの仕上がりや肌の調子、小じわやクマなど、気になる部分ばかり見ているかもしれません。

しかし、本当にじっくり見なければいけないのは、自分の「目」なのです。

ちゃんと輝いているかどうか。好奇心を失っていないか。若さを保っているのか。

ひげ剃《そ》りのときですらろくに鏡を見ないという男性も、日々、鏡で自分の目を確認するといいでしょう。

なぜなら、目は心の老いをはかるバロメーターだからです。肉体が老いることは避けられませんが、心は永遠の若さを保つことができます。

年をとればとるほど若々しくなっていく人は、いろんな経験をし、いろんなことがわかったことで自由を手に入れます。子どものように無邪気になり、また新しいことを学びたいという好奇心でいっぱいになれます。

**心の若さを保つ秘訣《ひけつ》は、素直であること。**

「生きていくとは、死ぬまで学び続けること」だと知っていくのが人生のプロセスだと、僕は最近、思うようになりました。

僕が知っているすてきな人たちは、七十歳、八十歳になっても若々しさを持っています。

いつだって「教えて、教えて。私はまだまだ、なにも知らないから」と言える素直さが輝いています。十も二十も年下の人が言うことでもきちんと耳を傾け、教えてもらおうという謙虚な気持ちを備えています。そんな人は年をとればとるほど、「また若くなりましたね」とまわりに言われているのでしょう。

心が若くなってくると、体は老いても目が澄んで、きらきらしてきます。

いっぽう、体や顔という外面がいくら若々しくても、心が老いている人の目は輝いていないものです。

「私はもう、なんでも知っている」

「人からなにを言われても、私には私のやり方があるからそれでいい」

「注意なんてせずに放っておいてほしい。正しいのは私のほうだ」

こんなふうに心をカチカチに固めてしまうと、目はたちまち濁ってしまいます。心が老いてきたサインです。

年齢的にはまだ若くても、心が老いることはあります。とくに多少の経験を積み、自信が生まれてきたころが危険信号。次のステージを知らず、今知っているステージだけで完結してしまったら、たくさんの夢など見られなくなってしまいます。

これから毎日、しょっちゅう、鏡を見ましょう。

まず、鏡のなかの自分の顔をよく見ます。

「ああ、自分は今、こんな感じなんだ。やっぱりこういうふうに年をとっているんだ。十年前の顔とは違っているな」

できれば目を背けたい現実を、ズバリと見てしまう。見ないふりをしていると怖くてたまらないことも、正面から向き合ってしまえばそれ以上でもそれ以下でもなくなります。思いもかけない「いいところ」が、見つかることだってあります。

次に、目の輝きをよく見ましょう。

「輝いているか、老いていないか？　学んでいるか、素直さが減っていないか？」

## 目を見るとは心を見ることにつながります。鏡の前で心の点検をする。これが「老いの不安と寂しさ」を消す、いちばんの秘訣だと思います。

年をとるというのは、自分らしさに近づくことでもあります。経験を重ね、たくさんの人と出会い、とっくり自分を見つめて、自分らしい美しい生き方ができる。これはたいそう幸せなことで、生き生きと目が輝いていても、なんら不思議ではありません。

鏡のなかの自分を見つめてみましょう。
目は輝いていますか？

# オールドではなくヴィンテージになる

僕は年をとることが、待ち遠しくてなりません。

さまざまな経験を積み、自分自身を磨き、確固たる価値観を築く努力を続けたすえのゴールのように感じています。

今は「若さに価値がある」とされがちな時代です。誰もが年をとることを恐れ、見た目が若くなるにはどうしたらいいかということも、しばしば語られます。

年齢を重ねたぶんだけ傷み、古びていくなら、なるほど、年をとるのは恐ろしいことでしょう。

しかしワインのごとく、年月を重ねたぶんだけコクを増し、芳醇《ほうじゅん》になっていくなら、年をとるのは素晴らしいことではないでしょうか。

七十歳の自分像として目指したいのは、オールドではなくヴィンテージです。

ヴィンテージというのはもともとワインの用語ですが、今は自動車や洋服についても、価値がある年代物をヴィンテージと呼ぶようになりました。

「七十歳のとき、ヴィンテージになっていることが目標」

この考え方をするようになってから、ますます年をとるのが楽しみになりました。

**年齢を重ねるたびにすてきになり、自分の価値が上がっていくのは嬉しいことです。**

ワインは適切な湿度と温度を保ち、慎重に時を積み重ねることでより良いヴィンテージになります。人にとって適切な湿度と温度とはなにかを、じっくりと考えていきたいと思っています。

一つ言えるのは、豊かさや幸せは、もはや物質的なものからは生まれないということ。精神的なもので豊かにも幸せにもなれるし、ちゃんと暮らしていけると信じています。みんながみんなお金持ちにはなれませんが、本当の豊かさを手にすることは、心の持ちよう一つで充分に可能だと思っています。

# 背伸びをせずに共感の器を広げる

人生の一時期、大成功した女性の実業家がいます。複数の事業を展開して年商十数億も稼いでいた方ですが、人にだまされるなど不運が続き、今は事業もたたみ、決して豊かとはいえない暮らしをしています。

僕は今も昔もよくお会いするのですが、彼女はときどきこんなことを言います。

「私は自分が田舎者だということを忘れたから、こんなことになったのよ。あなたは私の真似《まね》をしてはだめ」

田舎者だから見栄も張るし、プライドも高い。人からなにか言われれば、かっこつけて、ほいほいお金を出したり貸したりする。田舎者だから自分をよく見せたくて、無理を重ねたのが失敗につながった。彼女はそんな話をしてくれるのです。

僕が思うに、彼女が言う「田舎者」とは出身地のことではなく、人がみな持っているコンプレックスを指すのでしょう。育ってきた環境、家庭、学歴、「そもそもの素の自分」について、僕たちはみんななにかしらコンプレックスを持っています。自分の失敗について本質をさらりと言える彼女はすごい人だと、僕は尊敬しています。

僕たちはこれまで、「上へ、上へ」と背伸びを奨励する風潮のなかで生きてきました。憧れの大人になるためには成長することが大切ですし、成長するにはチャレンジが不可欠です。常にスタートラインに立ち、なにかチャンスが来たときには、「私はいいです」と尻込みせず、一歩前に踏み出して挑戦するほうがいいでしょう。

それでも、無理をしてはいけません。

ましてや自分を装い、違うものに見せても、いいことはなに一つありません。

おそらく人間の「身の丈」というのは、生涯変わらないものです。育ってきた環境、家庭、学歴は、たとえコンプレックスであっても変えられるものではありません。それなら取り繕ったりせずに自分で抱えて、ありのままを愛していくのがいいのではないでしょうか。

**人間の身の丈は変わりませんが、幸せなことに、共感の器を広げることはできます。背伸びは三十代ぐらいまででやめて、人生の後半は共感の器を広げたほうがいいように感じます。**

共感の器を広げるには、「上質さと賢さを学ぶ」のがいちばんです。

そのためにはまず、素直な気持ちになること。どんなことにも子どものような透明な心で向き合い、感動したり、驚いたり、喜んだりすることです。

そんな気持ちで物事と向き合えば、上質なもの、本当にいいことを見つける力が身についていきます。

どんなものにも一つや二つ、きっといいところがあるはずです。素直な気持ちになれば、必ず長所が見つかります。それをきっかけに本を読むなり、人の話を聞くなり、その場に出かけるなりして深く学べば、次第に自分の器は広がっていきます。

素直な気持ちで、「すてきだな」と思う人と友だちになるのも、共感の器を広げることにつながります。友人には「気が合うから」「つきあいやすいから」「お互い気を許しているから」という関係の人がたくさんいます。そういう友だちがいてもいいとは思いますが、どちらかというと、それは幼馴染《おさなな》《じ》みや親戚のような関係であり、共感の器を広げるためのつきあいとはなりません。個人的には、自分が安心しきってしまうようなつきあいは、あまり好ましくないと思っています。

それよりは、自分が成長できるような人とつきあいたい。

豊かな人間関係とは、自分より高いレベルにいる人たちと友だちづきあいをしていくことで築かれるのではないでしょうか。

自分を高めるために、レベルの高い人たちとつきあう。そのために学ぶべきことを学ぶこと。この意識は、共感の器を広げるために重要なことだと僕は思います。「いつかこんな人と友だちになれたらいいな」と思うような人と仲良くなりたいし、そのための努力もしています。

そういう方々は多忙を極めており、「今日ちょっと会わない？」などと気軽に誘えませんが、会うにはこちらも相応の準備をせねばならないので、ちょうどいいのです。

「どういう自分であれば、このすてきな人と友だちづきあいができるのだろう」と考えれば必然的に自分磨きをすべく努力しますし、どきどきと緊張しながらお会いするたびに、多くの学びがあります。

## 「自分のルーティン」をつくる

**自分の身の丈を知ったうえで共感の器を大きくしていくには、「自分のルーティン（ライフスタイル）」をつくるといいでしょう。**プロのスポーツ選手と同じで、自分のルーティンがあればものごとを長く続けていけます。規則正しい生活のなかで時間割をつくる感覚で、自分のルーティンをつくりましょう。

まずは自分に対して、三つ質問をします。

「良質なことを学べるのはなにか？」

「良質なことを磨いていくために自分に必要なことはなにか？」

「自分が健やかでいるために自分に必要なことはなにか？」

三つの問いをじっくりと考えたら、その答えを習慣に組み込んでいきます。

たとえば「良質なことを学ぶためには、もっといろいろな人に会うべきだ」という答えが出たら、こんな予定を組みます。

「週に一度、はじめての人とランチをする＝今週は火曜日に○○さんとランチ」

「月に一度、友だちと会う＝来月の○日、あのレストランで○○さんと六時に」

相手の都合も確かめ、お店を予約してスケジュール帳に書き込みます。

あるいは「良質なことを磨いていくためには自然に触れることが必要だ」と感じたら、「この日の仕事帰りに公園に行く」「週末、海に行く」などと予定を組みます。


予定は「滅多にない大イベント」としてではなく、自分の習慣のなかに組み込んでいくほうがいいでしょう。映画を観る、本を読むといったささやかなことでもいい。それを真っ先にスケジュール帳に書き込むのがコツです。とくに「自分が健やかでいるために必要なこと」は毎日のルーティンとして早めに書き込んでしまいましょう。

「忙しくて、仕事以外のことはなかなか予定が立たない」

四十歳を過ぎてそんなことを言っている人は、いささか問題ありです。今日明日に突然、なにかしようといったら無理かもしれませんが、二週間先の予定も自由にアレンジができない仕事が最優先の生き方は、せいぜい三十代までのものだと思います。

「いつかヒマになったら」という言葉がありますが、人はいつまでもヒマにはならないものです。四十歳になったら、なにをするかを自分で厳密に選ばなければ、自分のルーティンなどつくれないと感じます。なにごとにも優先順位を決め、とくに自己投資となることを最優先する生活態度を自分のルーティンとして確立したいものです。

僕も自分のルーティンを確立すべく、規則正しい毎日を送り、自己投資となることはスケジュール帳に真っ先に書き込んでいます。

「この日は理容店に行く」とあらかじめ決めてあるから二週間に一度通えますし、「この日は歯科医に行く」と決めているから、仕事を効率よく一生懸命やれます。

「この日は映画を観る」「この日は友だちと会ってランチを食べる」などと決めておけば、仕事とのメリハリがつくし、楽しみになります。

僕が絶対に仕事を五時半に終えるのは、あとの予定が詰まっているから。会食などがない日がほとんどですが、大切な予定として「七時には家で夕飯を食べる」というわが家のルールがあります。これだけは守ろうと家族全員で決めています。

そのあとは読書の時間。欠かせない自己投資として確保していますが、これも一時間と決めています。入浴するなど、次の予定があるためです。十時に寝て朝は五時に起きるのは、なにがあろうと変わらない「松浦弥太郎のルーティン（ライフスタイル）」です。

この規則正しさがあるからこそ、外国語を習いに行ったり、人とご飯を食べたりできています。

たとえば僕は三カ国語の語学レッスンを受けていますが、朝の個人レッスンもします。早起きの習慣がなければ、自己投資の時間は捻出《ねんしゅつ》できません。

また、たまに人と食事をする時間がとれるのは、普段は規則正しく生活してやるべきことを早め早めにすませているからです。そうした機会の食事は存分に楽しみますが、お店の人にはあらかじめ、「間を空けずに料理を出してください」とお願いしておきます。決して大急ぎで食事をするということではありません。二次会も行きませんが、だらだらしなくても充分楽しめると感じています。

こうした時間の使い方が、自分のルーティンづくりになると思っています。

## どうすれば人に喜んでもらえるか考え続ける

「ああ、自分もこうなりたいな」

心からそう思えるお手本を見つけられたら、年をとるのが楽しみになります。

お手本となるような「すてきな大人」の方を僕は何人か知っていますが、いつもたくさん教えていただいています。たとえば歯のメンテナンスといった現実的なことから、人生にとって大切なことまで学んでいるのです。

たとえば、僕は本を介して、すてきな人と知り合うことがあります。

ある日突然、「あなたの本を読みました。ファンです」という手紙が来て、そこには自分がどんな人間であり、どんな仕事をしているかも書かれています。

「私は松浦さんの本から、こういうことを与えられて、とても嬉しかった」

それから手紙のやり取りが始まり、お会いするようにもなる、そんな出会いがあるのです。とびきりすてきな大人の方とも、このようにして知り合いました。

彼がすてきなのは、今日も明日も二十四時間、考え続けていること。

「自分はなにを人に与えられるか。なにをすれば人に喜んでもらえるか。なにが人を幸せにするのだろう」と。

自分のことではなく、常に人を思いやっている姿勢に頭が下がります。

彼はある企業のトップですが、会社に行くとみんなにこう訊ねるそうです。

「僕ができることはなにかないかい？　僕がなにか、助けることはできないかい？」

人のためになにかしたいという彼の思いは、会社の人や取引先の人に対してだけ向けられるのではありません。

自分の隣の人、近所の人、住んでいる町内会の人たちに対してなにができるか？

バスの運転手さん、駅員さん、買い物で行くスーパーで働く人など、毎日会う人たちに対してなにができるのか？

日々真剣に「与えること」だけを考えており、時には「なにをすればいいんだろう？」と悩んですらいます。

彼の毎日は、朝五時の掃除から始まります。家の前から掃き始めて、両隣、お向かいとエリアを広げて近所中をきよめていきます。

彼はまた、誰と会っても気持ちの良い挨拶をします。家の前を掃きながら、通学する子どもたちに「おはようございます」。ゴミを回収する人はたいてい数人で来るものですが、一人ひとりに「ありがとう、ありがとう」。

出勤するときは、バスの運転手さんに「どうもありがとね」と心を込めて言います。相手は最初びっくりしますが、挨拶の気持ち良さを与えてもらって感動するのです。

個人としての年収だけで億単位という人ですが、少しも偉ぶることがありません。

「今日はこんなことを人にして、喜んでもらおうと思うんだ」

にこにこし、目をきらきらさせて語る彼を見ていると、「なんてすてきな大人だろう」と思うし、「僕もいつかこうなりたい」と憧れます。

とても忙しい方ですが、僕と会うときも真剣に考えてくれます。

「松浦さんと今日会う。じゃあ、なにをプレゼントしようかな」と。

それは「もの」ではなく、僕にとって役立つアドバイスであったり、知恵であったり、僕が嬉しがることだったりします。

時たまお会いするなり、「ごめんね、今日は本当に申し訳ない。今日は松浦さんに渡せるものがないんだよ。今度会うときまでに、考えておくから」などと言うこともあるので、こちらが恐縮してしまいます。

「会ってお話ししているだけで僕は元気になれますから、いいんですよ」

僕がこう言っても、いつも「give」を考えている彼は納得しません。**「give and take」ではなく、「give and give」なのです。**

彼は損得など考えていませんが、自分が与えているからこそ、何十倍も自分に返ってきているのだと思います。お金も運も、循環する性質を持っているのですから。

「社会からしてもらっていることのほうが多い」と感じ、そのぶん与えようとする彼だから、成功しているのでしょう。


彼に教えてもらった「望みを叶える方法」は実にシンプルです。

「なにか望みがあるなら、いいことだね。それならまずは、それを誰かにしてあげなさい。そうすれば、簡単に手に入るよ」

こうした話を聞くたびに、「こんな大人になりたい」という思いが強くなります。

## 照れずに人に尽くすから共感を得られる

いばらない。

誰に対しても同じ態度で接する。

すてきな人は、「自分が正しい」と思っていないのでとても謙虚です。わからないことがあれば「わからない」とはっきり言うし、素直な態度で教えてもらう姿勢は見習いたいものです。

文通がきっかけでつきあいが始まったある人は、七十歳を過ぎていますがヨットの旅を続けており、「ロンドンに一カ月滞在するから、松浦さんのおすすめの場所を教えてほしい」と素直に訊ねてくれるのです。

僕も一生懸命に考えて、ロンドンで好きなホテルやレストラン、おすすめの場所を伝えると、彼はそのとおりのホテルに泊まり、そのとおりに歩いて、「すごく楽しかった」と旅行中の写真をくれたりします。

もちろん、僕が教えていただくことのほうがはるかに多いのですが、ずっと年下の者のアドバイスに素直に耳を傾けられるところが彼の魅力でしょう。

趣味のヨットは「心配だから」とまわりに止められるそうですが、彼の好奇心はまだまだ続いています。「もう引退してもいいのでは」と言われることもあるそうですが、「僕はまだ、みんなにしてあげたいことがある」と仕事を続けています。

**いばらないし、完成していないから、まだまだ冒険ができるのです。**

女性で生き生きした七十代の人は、若い人より若いように感じられます。元気だし、なによりも照れない。

ファッションでも、ふるまいでも、照れずに素直に自分らしさをあらわすので、輝いています。見ていて、「格好つけていないところが格好いい」と感心します。

最近すてきだと思ったある経営者も、格好いい「照れない女性」です。年齢は七十歳を超えていますが、実に生き生きとしています。

この夏、彼女が主催するガーデンパーティにお招きいただいたのですが、ずっとにこにこし、照れずに面白いことを言うおもてなしぶりは見事なものでした。しかもさりげない気づかいが絶妙なのです。

一人で参加している僕が手持ち無沙汰にならないように、話し相手を紹介してくれます。それも単なる紹介ではなく、松浦弥太郎というのがどんな人物であるか、自分にとってどれだけ大切な人物かを、照れずに、しっかりと話してくれます。

「○○をしている、松浦弥太郎さんです」ではなく、「私がほんとうに大切にしている人だから、みなさんもよろしくね」と引き合わせてくれたので、僕は初対面の人とも有意義な話ができました。

彼女のすごさは、これだけにとどまりません。パーティが始まってちょっと時間がたったら、さっと僕の元に戻ってきて、素早く耳打ちしました。

「松浦さん、もう帰っていいからね。いちいちみんなに挨拶なんかしなくていいのよ。知らんぷりして帰っちゃいなさい」

パーティといった場が苦手だし、お酒も飲まないし、早寝早起きの習慣がある僕を、ちゃんとわかってくれているのです。

「パーティの体裁を保つためには、途中で帰られたら困る」という主催者側の都合など考えもしないのでしょう。苦手なパーティで僕が心地よく過ごせたのは、彼女の気取りのない親切さのおかげでした。その日は「年齢を重ねても、こんなふうにいられたら」と改めて思う夏の午後となりました。


彼女はまた、たいそう筆まめな人でもあります。僕も筆まめなほうだと思いますが、彼女にはとうてい及びません。

作家の桐島洋子さんもすてきな七十代ですが、「自分がなにかできているのであれば、その理由は筆まめだっただけだ」とおっしゃっていました。

桐島さんが二十歳にして文藝春秋に就職できたのは、友人に送った手紙がきっかけです。友人の父親は当時編集者だった作家の永井龍男さんで、娘宛《あ》てに届いた桐島さんの手紙の文章力に目を留めたのです。庶務として採用された文藝春秋でも、読者へ宛てて書いたゆきとどいた手紙が認められ、記者に登用されたといいます。

手紙を書くというのも、「改めて書くのは恥ずかしい」とためらいがちな行為ですが、ここで照れないことが、いつまでも輝いている人の秘密なのかもしれません。

# 変わりゆく時代のための情報術

これからの人生は、教養と情報の格差が大きくなってきます。

教養がどれだけあるか、正しい情報を知っているか知らないかで差が生じます。一般に知らされる情報が正しいとは限りません。とくに新聞やテレビだけを情報源としていては、知らないことが増えていくでしょう。正しい情報を知っている人もいるわけですから、どちらか選ぶなら、知っているほうがいいはずです。

変わりゆく時代だからこそ、重要になってくるのが情報の見つけ方。

今ある情報ツールのなかで、いちばん気軽で楽なのはインターネットでしょう。どんなことでも気兼ねなく調べられるし、出かけていく必要もありません。

しかし、簡単に得られる情報ほど価値が低いもの。このようにしっかり認識したうえで、インターネットを使えばいいと思います。

インターネットほど玉石混淆《ぎょくせきこんこう》ではありませんが、情報がコントロールされている可能性が高いのが、新聞とテレビです。すべてが嘘《うそ》とは思わないけれど、鵜呑《うの》みにしないでおく。これが僕のスタンスです。距離を置き、遠くから見ている関係にとどめています。情報源として、重きを置いていないということです。

家にテレビもあるし新聞もとっていますが、ほとんど見ません。とくにテレビは、家族が観ているニュースが、なんとなく耳に入ってくる程度です。どうせニュースを聞くなら、僕はラジオを選びます。ラジオは規制が少なく、新聞やテレビほど情報がコントロールされていないので、比較的本当のことに近いと思います。

「長年のあいだ、これが正しいやり方だと言われてきた方法こそ、疑ってかかる」

これは一流の和食店のあるじに教えていただいた言葉です。日本料理の世界には常識とされる決まった調理法がたくさんあるけれど、疑って、試して、自分なりのやり方を見つけ出すともっとおいしくつくることができる。なにやら情報収集に通じます。

新聞は見出しだけをさっと見て、あとは広告欄と求人情報だけ読みます。掲載してもらうために企業がお金を払っている求人情報には、嘘がありません。広告欄は、今みんながなにを売ろうとしているかがわかります。どちらも自分なりの面白い読み方ができる点がいいと思っています。

**僕が信用している情報源は三つあります。**

**一番目は実体験という経験。**

自ら興味を持って能動的にどこかへ出かけていき、自分で調べたり、本を読んだり、いろいろな確認を繰り返して経験として積極的に知ったことだけが本物の情報だと思っており、いちばん信用しています。

**二番目が、人から直接聞いたこと。**

もちろん信用できる確かな人に限ります。なにか知りたいとき、正しい情報をくれる人を、二、三人知っておくことは重要です。組織になるととたんに嘘が混じります。

理想的には直接の知り合いですが、どうしても難しければラジオに出たり本を書いたりする著名人のうち、「政治のことならこのジャーナリスト、社会のことならあの評論家」という具合に、自分の情報源を一人決めておきましょう。誰の言葉に耳を傾けたらいいのかを、自分自身で吟味するのです。今は政治家や著名人もブログやフェイスブックをやっていますから、本人の発言に触れる機会はたくさんあります。

**三番目が、肌で感じること。**

実体験は能動的かつ意図的ですが、肌で感じることは、受け身ですし偶然です。なんの気なしに街を歩いていたり、電車に乗ったりしているとき、ふとなにかを感じることがありませんか。

「やっぱり世の中、不景気なのかな。最近、みんな怒った顔をしている」

僕はこうした感覚も見逃さず、大切な情報源としています。自分のアンテナが感じ取ったことですから、信用してもいいのではないでしょうか。

自分の情報源を持っていないと、無用に不安にかられることもあります。これも困ったことですが、間違った情報を人に話して拡散してしまうと人に迷惑をかけてもっと困ります。本当のことを知らないと的確な判断はできないし、なにごとも先手が打てなくなります。

情報についてもう一つ付け加えるなら、「自分がなにを知りたいか？」を知っておくことが大切です。世界にあふれる情報のすべてを知る必要はありません。たとえ真実であろうと、自分にとって大切ではないことまで知ろうとあくせく情報収集に走り回っていては、豊かな生き方からは、遠ざかってしまうでしょう。

## 新しいドアを開くために

なにげない言葉でも、知らず知らずのうちに自分を蝕《むしば》む呪文になることもあります。だから、「禁句にしたほうがいいな」と僕が感じているものを三つ紹介します。普段、うっかり使ってしまいそうな、言葉遣いに注意しましょう。

**一つ目の禁句は、「やったことがないからやらない」。**

自分がなにをするかしないか、型に嵌《は》めてしまっている発言です。人づきあいにせよ、仕事のやり方にせよ、自分なりに工夫してうまくいき、流儀ができてくると口にしがちな言葉ですが、今日から忘れてしまいましょう。「これまでの流儀」を繰り返していたら、新しいドアは開きません。

**二つ目は、「ごめん、興味がない」。**

今までになかった知識や文化、新しいテクノロジー。なにもかも受け入れる必要はありませんが、「興味がない」とシャッターを閉じたとたん、学ぶチャンスが失われます。学ぶことをやめたとたん、その人は老い始めるように感じます。

**三つ目は、「今のままでいい」**。

結婚して子どもがいて、家のローンがあとどのくらい。会社での先行きも生涯賃金もわかっている。「もう先はすべて見えた。あとは子どものためになることと、ちょっとした楽しみを見つけながら生きればいい……」。三十代後半くらいから、いろいろなことを投げてしまい、あきらめ気分になる。言葉は悪いですが、やさぐれている人すらいて、実に悲しいと感じます。

さて、あなたはどうでしょう。ときどき点検してみてください。

自分の流儀ができることは悪いことではありませんが、要はバランス感覚です。これまでに培《つちか》った流儀と新しいこと、両方を備えていくのがこれからの人生を輝かせる秘訣ではないでしょうか。

自分が蓄積してきたことに固執するのではなく、新しいものを取り入れることで、さらに磨いてぴかぴかにする。その輝きを、今後はまわりの人のために役立ていく。
そういう生き方をしたいと思っているから、僕はこの三つの言葉に注意しています。

## 「イモ虫」を卒業して「蝶」になる

二十歳ぐらいのときや、社会人になったときのことを思い出してみましょう。今よりもっといろいろな可能性を自分のなかに夢見ていたはずです。

可能性は全部、消えてしまったのでしょうか？

夢はしょせん、夢でしかなかったのでしょうか？

そんなはずはないと口をすっぱくして言っても、「あのころは若くて、なにもわかっていなかった」と話を終わらせてしまう人もいます。

二十歳のときの可能性や夢がすべてなくなってしまったと感じている人は、おそらく今の人生が意にそわないのだと思います。さらに「もう四十歳なのにうまくいっていないなんて、結果が見えてしまった」と失望しているのでしょう。

それなら、こんなふうに思考のスイッチを切り換えてはどうでしょう？

僕たちはこれまで、イモ虫になるために頑張ってきました。卵から出てきた瞬間、「黄色と黒のシマシマのイモ虫になりたい」と夢見たり、「私だったら、うんと大きいイモ虫になれるかも」と可能性を見いだしたりしていました。

でも今は夢見ていた黄色と黒のシマシマでなく、緑色のイモ虫になっているのかもしれません。うんと大きいイモ虫になろうと夢見たけれど、今は小さなイモ虫かもしれません。そう、結果は出ています。しかしそれは「イモ虫としての結果」です。

ここで立ち止まることは、いったんイモ虫の姿を捨てて、さなぎになるようなものだと思います。さなぎから孵《かえ》ったときが、蝶としての新しいスタートです。

緑色のイモ虫は、もしかしたらコバルト色に輝く青い蝶になるかもしれません。小さなイモ虫は、もしかしたらまばゆく透き通る羽の蝶になるかもしれません。

いずれも卵のときには予想すらできなかった、美しい蝶です。

「今さら成長なんてない」とあきらめている人は、脱皮するようなイメージを持ってもいいでしょう。これまで身につけた皮を脱ぎ捨てて大きくなっていく。何度も脱皮し、「もう脱皮できるわけがない」と思っても、まだ固い鎧《よろい》みたいな皮が残っていて、さらに一皮剝《む》ける。さなぎが蝶になるように、そこから新しい自分が生まれます。

**本当はみんな蝶々になれるのに、イモ虫のままで成長を止めて生きるのは、もったいないではありませんか。**

イモ虫としてはベテランですが、蝶々としては新人。蝶々としての世界がもっとある。そんな意識を持てたら、と僕はいつも感じるのです。

## 毎日を初心者の気持ちで迎える

会社によっては「勤続二十年目のリフレッシュ休暇」といった制度がありますが、文字どおり、もう一度自分を新しくするための時間に使えたら最高です。

たとえ休暇がないとしても、なんとか時間をとって、自分が新しく生まれ変わるためのベストなスタートラインを見つけることが大切だと思います。

**新しいスタートを切ると、初心者になれます。なにをやるにも、どこに行くにも、はじめての気持ちを忘れない。そうすると、いつまでもやわらかな心でいられます。**

「毎日を初心者の気持ちで迎える」

これを今からのテーマにすると、この先の人生が変わると僕は思っています。

もちろん、初心者になるのは勇気がいります。今まで身につけてきた知恵や当たり前にできる技術に頼らず、なにも知らない、なにもできない自分でいれば、なにかにつけて、どきどきしてしまうでしょう。毎日毎日「どうしようかな」と慌てるでしょう。なにかあるたび、「うまくいくかな」と気をもむかもしれません。

しかしこれは、よくないことでしょうか？　いい年をして、みっともないことでしょうか？

僕は違うと思っています。二十代のころに持っていた拙《つたな》さ、初心者のどきどきこそ、一生懸命になれる源なのです。

いつでも余裕しゃくしゃくで、「なにが起きてもだいたい解決できますよ」なんてどっしり構えて凝《こ》りかたまるのは、あまりにも視野が狭くて悲しいことです。

それより何歳になっても、ぴかぴかの初心者でありたい。人に頭を下げ、「教えてください」と素直に頼み、知らないことに出くわせば「あ、そうなんだ」とびっくりする気持ちを捨てずにいたい。ずっと若々しく老けない人は、初心者のままでいる大切さを知っているのだと感じます。

「子どもっぽい」と笑われても、けっこう。僕らのピークはこれからなのですから、まだ子どもっぽくていいのです。

「こんなことも知らないの」と笑われても大丈夫。知らないことがあるから初々《ういうい》しくいられるし、知らないからこそ、新しいことを吸収する余裕があるのですから。

「大人なんだから、落ち着いて見えなきゃいけない」

「上司なんだから、なんでもわかっていなければいけない」

「親なんだから、いちいち戸惑ってはいけない」

こんな枠は、すっと外してしまいましょう。

未来に向けての旅のスタートラインに、照れずに、無邪気に、ぴかぴかの一年生の気分で立ちましょう。

# 人生の楽しみを分かち合うために優先すべきこと

僕がなにより優先しているのは、自分の健康です。

毎晩十時に眠り、五時に起き、朝は一時間ほど走ります。夕食は、なにがあっても夜の七時で、どんなに大切な仕事であろうと、それより重要なことはないと思っています。こうして僕は、自分の直感が研ぎすまされるよう、暮らしや仕事で大切なことに集中できるよう、三百六十五日、体調を万全に整えています。

「仕事だから」と自分の健康を犠牲にするような働き方は、どんな立場の人であっても、するべきではないはずです。会社員であれば、個人の生活や個人の人生を尊重するために、就業時間というものがあります。健康は直接、命につながっており、体を休める時間を潰して残業する人は、自分の命を削っているのと同じことです。

尊敬している人たちにさりげなく聞いてみると、みなさん、早寝早起きです。

なかには、大変な責任を負わなければいけない人もいますし、短い時間でたくさんのことをこなしている人もいますから、自分の体が常にベストコンディションになるよう、気を遣っているのでしょう。

**体をベストコンディションに整えることは、成功している人、偉い人に限らず、僕ら全員がしなければいけない義務だと考えています。**

月曜日に「具合が悪いので、会社を休む」という人がいたら、なんとも不思議に思います。なぜ、土曜日と日曜日を、自分の体を休ませるといういちばん大切なことに使わなかったのか、首を傾げてしまうのです。

人ごみにも行かないし、大勢が集まる飲み会も断る僕ですが、友だちと会うのも楽しいし、レストランで食べるごちそうもおいしいと思います。

それでも、友だちと会うことで規則正しい生活リズムが乱れるなら、健康のために会いません。おいしいものを食べすぎて、体調がおかしくなるならば、腹五分目くらいで抑えておきます。夜更かしして睡眠不足になるなら、本を読みたくても控えます。

逆に言えば、そうやって制限しているからこそ、たまの友人との食事が特別なものになるし、それを楽しみに頑張れます。時間ができた日曜の午後、「思う存分、本が読める」となれば、このうえなく幸福を感じるのです。

これだけ大切に扱えば、体はきちんと自分の望みに応えてくれます。

「ストイックですね」と言われることもありますが、自分らしいやり方で、当たり前のことを当たり前にしているだけだと思っています。


「健康には、○○がいいらしい」

「病気になったらどうしよう」

「老後の体の衰えが心配だ」

こういった不安や寂しさを抱えている人は、たくさんいます。それを消したかったら、日々の生活習慣を大事にすることです。

友だちと遊んだり、お酒を飲んだり、ごちそうを食べたりしたいけれど、病気にもなりたくない。映画やテレビを観て夜更かしをしたいけれど、ずっと元気でいたい。それは無理な話です。

体にいい食品、体にいいサプリメント、体にいい飲みもの。あらゆる情報や健康法があふれていますが、次々と飛びつくのは、いかがなものかと思います。楽しさに身を任せたあとで、病気への不安を打ち消そうといろいろなやり方を試しても、根本的になにか違っているという気がします。

## 元気でいるには、体を大切にし、感謝すること。

それは仕事のためではありません。夢を叶えるまでの辛抱というわけでもありません。夢を叶えたら、夢を味わう時間もやってきます。そのとき存分に喜ぶためにも、体調を整えておこうではありませんか。

毎日毎日、仕事よりも、楽しみよりも、自分の体を優先し、大切にすれば、病気になる不安も消えていきます。もちろん、気をつけていても不意の病《やまい》は訪れますが、最小限に食い止めることができると信じています。

体にもっと感謝することも、病気になる不安や寂しさをなくすためには役立ちます。

体というのは、常に働いています。僕たちが意識していなくても、心臓を動かし、呼吸をし、生きるという営みを休まずに続けてくれるのが体です。

僕らはまた、気がつかないだけで、常に病気になっています。どこかが少しおかしくなっても、熱が出たり、自覚症状が出たりしないうちに、体が一生懸命に、治してくれているのです。それがおそらく一日に何回も起きており、おかげで元気に暮らせています。

ちょっと長い距離を歩いただけでも、体のなかでは筋肉の一部が壊れ、それは自然に再生します。つまり「目に見えない怪我」も、体がそっと癒《いや》してくれているのです。

健康という律儀で奇跡的な「自分の味方」を、僕らはもっと意識してもいいのではないのでしょうか。いたわり、大切にし、感謝したいと僕は思います。

もう一つ思うのは、「病は気から」ということ。

なんでも楽観的にとらえろとは言いませんが、毎日を明るく過ごし、一日一回は思い切り笑うこと。これも大切な健康管理の一つだと思います。

ときどき
あなた自身の心と体の健康を
点検してください。

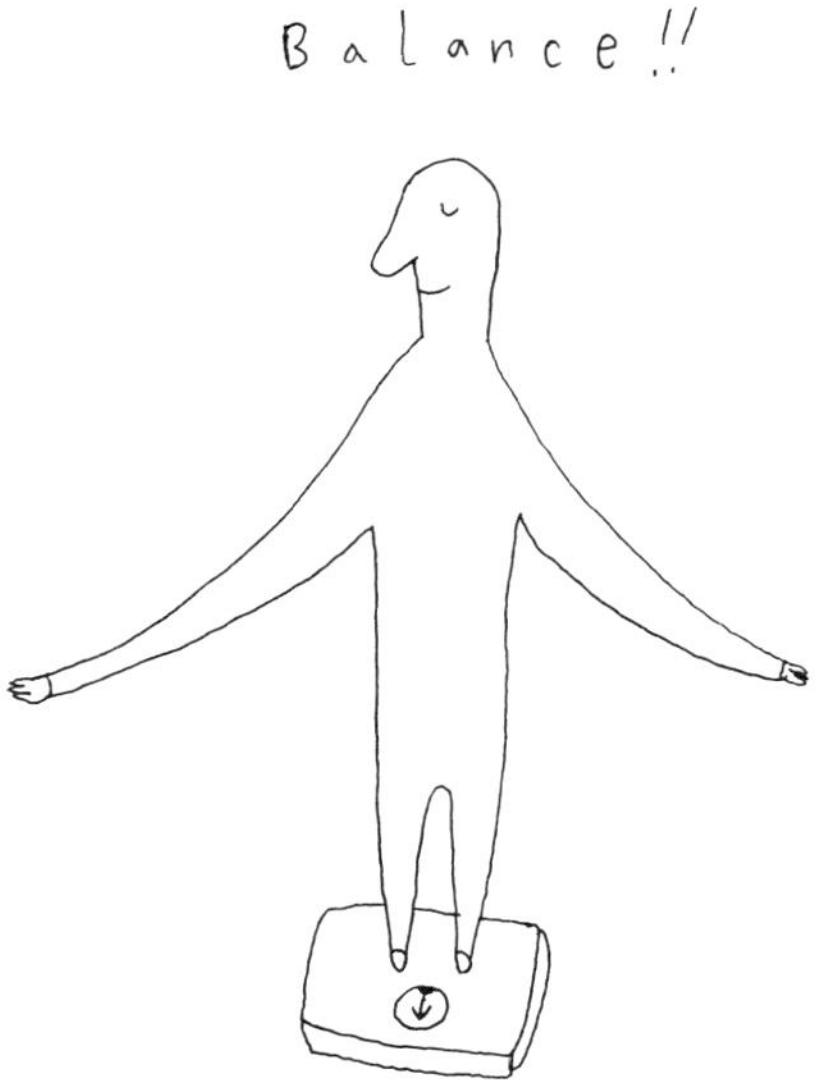

## 持っているもののなかから「大事なもの」を見つける

「自分にとっていちばん大事なことはなんだろう？」

この問いについても、人生の区切りでじっくり考えてみましょう。

持っているものを点検するいちばんの目的は、いらないものを探して身軽になることではなく、自分にとって本当に大切なものはなにかを知ることだと僕は思います。

そして肝心なのは、「すでに持っているもののなかから、大事なものを探す」ことです。僕たちはなにかを得ようと外へ外へと求めていきますが、童話の『青い鳥』のごとく、宝物をすでに手にしていることのほうが多いと感じます。

人間は「あれがほしい、これがほしい」という欲望を抱くものですし、「こうなりたい、ああなりたい」と願わない人はいません。しかし、今ないものを求めるより今持っているものを大切にし、関係を深めるほうが、豊かな生き方だと僕は感じます。

ないものを常に追い、持ちものを増やすのは三十代まで。

あまり持ちものを増やさず、今あるものを大切に磨いていくのが四十歳から。

やはり、テーマは「これからはいいものを少し」です。

宝物を持っていると気がついて、慈《いつく》しんで手入れし、さらに磨いていくか。

宝物を持っていると気づかずに、ぞんざいに扱い、知らぬまになくしてしまうか。

いずれかであれば、前者のほうが幸せです。さあ、持っているものリストのなかから、「大事なもの」をピックアップしてみましょう。

「持ちもののなかで、いちばん大事なものがなにかくらい、すでにわかっている」と思う人がいるかもしれません。ところが大事なことほど、「もう当たり前だから、いちいち考えない」と放ったままになっていることがあります。たとえば健康はかけがえのない大切なものですが、病気をしない限り当たり前に体は動いているので、「ああ健康が大切だ!」と改めて考えず、無理を重ねたりします。

さらに四十歳くらいになると、前述したとおり持ちものが大量になっていま す。大事なのか大事ではないのかを曖昧にしたまま、なんでもカバンに突っ込んでいることもある。つまり、「取っておいたほうがよさそうなもの」「いつか役に立つかもしれないもの」があまりにも多すぎて、「本当に大事なもの」が埋もれているかもしれないのです。

**「大事なもの」を知るための、良い方法が一つあります。朝起きたとき、誰の顔を思い浮かべるか確認することです。**

僕には毎朝、目を覚ましてすぐ、自分がいちばん感謝したい人の顔を思い浮かべる習慣があります。まず浮かぶのは家族です。日によって尊敬する方や両親、大切な友人の顔が浮かびます。

毎朝続けていると、「わざわざ思い浮かべなくてもわかる」という状態になってきますが、当たり前のことこそ、常に確認するのが大切です。この積み重ねによって、自分のこれからの人生に必要なものと必要ではないものが、はっきりわかってくると思うのです。

大事なもののほかに、「どうしてもこれだけは手放したくない」と思うようなものもあるでしょう。それはたいてい、自分にしかわからないようなもの。人から見たら「変わってるね」と思われかねないもの。たとえば一風変わった趣味。決して上手ではないけれど、弾くのが楽しくてたまらないピアノ。無心になれる遊び。ペットなどです。人には理解されないかもしれませんが、それでいいと僕は思います。そもそも、大事なものとは他人に評価してもらう必要などないのです。

どんなにくだらなく見えても、「本当に僕はこれが好きで、これがないとだめだ」と思うものがあると知るのも大切なことです。なぜならそれは、きっとこれからの人生の楽しみと支えになるからです。

極端にいうと、「他になにもなくても、これさえあれば嬉しい」というようなものを、実はみんな持っているはずです。

# 自分の定番を決める

持っているものの整理は、心のなかと実際の暮らしのなかと、両方でおこなうといいでしょう。目に見えるものと、目に見えないものということです。

暮らしのなかの持ちものは、「ありすぎることが問題」と感じている人が多いと思いますが、それは自然なことです。

三十代までは洋服にしてものにしても、興味を持ったものをあれこれ買います。勉強のために「いいな」と思ったものをどんどん買う時期もあるでしょう。たくさん買うぶん、たくさん失敗します。人にあげたり、捨てたり、しかしそれもまた勉強であり、人生のいっときに必要なプロセスだと思います。

しかし四十歳からは、ものに無駄なお金を使うのは卒業です。三十代のときの学びを踏まえて、自分の身の回りのものをできるだけ減らしていくようにしましょう。

ものを減らす秘訣は、自分の好きなものを見つけておくこと。

「本当に好きで、ずっと自分の定番として使い続けられる」というものを、慎重に吟味して決めるのです。

そんなものに出合えたとき、たとえば洋服なら、僕はストックとして二枚買いします。シャツでも、パンツでも、靴下でも、ジャケットでも同じです。タオルやハンカチも同じものを複数枚、買うことにしています。消耗度が高いものは四枚買うこともあります。

「ものを減らすのに、同じものを二枚買うんですか?」

不思議に思うかもしれませんが、これがものを増やさない秘訣です。

たとえばシャツは、どんなに大事にしていても必ず襟やカフスからだめになってきます。そのとき、「また新しいのを買わなきゃいけない」となると、あれこれ探すことになります。すぐにぴったりのものが見つかればいいのですが、流行もあるのでそうもいきません。なかなか理想のシャツに出合えず、「まあ、これでもいいかな」と妥協してものを買うとしっくりしない。すると「じゃあ、こっちを着てみようかな」と、もう一枚買うということになります。結局、余計な買い物をし、ものは増えていくのです。

しかし、二枚買い、四枚買いをして「予備」を持つことにしてから、僕はめったに買い物に行かなくなりました。予備があるので、買い物に行く目的がないのです。

いいものを見つけたときには、「よし！」と思い切って何枚も買っておくので「あと十年、これの買い物を一切しなくても大丈夫だろう」と思うほどです。

男物は流行の移り変わりが少ないという面もあるかもしれませんが、女性であっても、よそいきの服を着て出かける機会はそうあるものではありません。ある程度の年齢になると、最新の流行を追いかける気分でもなくなります。

「私はもう、ずっと白いブラウスとパンツのスタイルでいい。その代わり、上等の白いブラウスと、本当に気に入ったパンツを買う」

こんなふうに決めたほうが、大人っぽくてすてきです。

**いいものを買うと、必ず感動があります。**

「ここの縫製が、すごくていねい」

「生地がいいから、着心地が抜群」

本当に上質なものには、身に着けていて自信になるような良さがあります。デザインとしてはごくオーソドックスなので、人から見たらわからないかもしれませんが、着た本人がはっとするような発見がたくさん秘められています。

「いつもおしゃれですね。本当にすてき」

ほめそやす声は届かないし、まわりの人には「いつも同じような服を着ている」と思われるかもしれません。しかし僕は、人にほめられるよりも、自分が感動するものを身に着けるほうが大事だと感じます。

自分が感動できるような、いいもの。

同じものを二枚買えるほど、いいもの。

そうしたものを選ぼうと思えば、本当に真剣に考えることになります。**選び抜いたものだけを自分の身の回りに迎え入れると決めれば、おのずとものは少なくなります。**

## 宝物の手入れ①　身だしなみで共感を得る

さんざん吟味し、慎重に選び抜いた「いいもの」は自分の定番となりますが、選ばなくてもすでに持っている宝物があります。それは自分自身です。

自分自身を宝物として扱うには、手入れが肝心です。いつもさわり、清潔にし、かわいがることです。

その一環として僕が守っているのは、二週間にいっぺん、理容店で髪の毛を切る習慣です。

「忙しいのに二週間に一回、理容店の時間をとるのは大変でしょう？」

驚かれることもありますが、僕にはかなり優先順位の高いことで、今後この習慣を変えるつもりはありません。エステティックのようなものとまでは言いませんが、座って髪を切ってもらっているあいだはリラックスしたり、じっくりものを考えたりすることができます。理容店の時間とは僕にとって「自分磨きの時間」といえるものです。

相応にお金もかかりますが、間違いなく元は取れます。なぜなら身だしなみは、社会とのコミュニケーションを深めていくからです。

個人対個人のコミュニケーションであれば、お互いの人となりをわかっていますから、多少髪がぼさぼさなことがあっても「ああ、忙しいんだな」とわかってもらえます。しかし個人対社会のコミュニケーションの場合は話が別です。乱れた服装や伸びっぱなしの髪は不快感を与えますし、信用を損なう危険もあるのです。

だからいつも万全に身だしなみを整え、自分を知らない人にも、どんなジャンルの人にも、自信を持って会えるように備えておきたい。

「最近忙しくて、こんな格好ですみません」という態度ではなく、いつでも胸を張って会えるようにしておきたい。

だから僕は身だしなみを整え、髪を切り、しっかりした服を選ぼうと心がけています。上質な仕事をしよう、上質なことを学ぼうと思うのであれば、身だしなみを含めて自分のレベルをあげていくことも必要なのですから。

この努力が仕事を一生懸命にやる意欲を起こしてくれますし、自信も出てきます。身だしなみとは、かなりのモチベーションになるものです。「きれいに整えれば、人と会いたくなる」というのは、男性でも女性でも同じではないでしょうか。

**いつ、誰に会っても恥ずかしくない身だしなみ。**

自分のことをまったく知らない初対面の人にも、自信を持って会える身だしなみ。

こうしたことが共感を得ることだと感じ、心がけています。

身だしなみのなかでも二週間に一度の理容店通いを大切にしているのは、髪の毛がとくに重要だと思っているためです。はじめて人と会ったとき、まず目がいくのは髪の毛と言われています。色も黒いし、面積も多いので、髪はとても目につきます。

髪の毛がきれいな人は、男女を問わず好印象です。髪の毛を気にしている人は洋服も気にしているし、洋服を気にしているということは、暮らしについてもきちんと目配りしているのでしょう。そして、暮らしがきちんとしている人は、必ず仕事もきちんとしているものです。

逆にいうと、「規則正しい生活をしています」などといくら立派な言葉を並べ立てても、髪につやがなくて不健康そうな人は説得力に欠ける気がします。生まれついての髪質もあるかもしれませんが、手入れをしているかどうかは一目でわかるものです。

髪の毛を気にするとは、スタイリッシュな髪型にするということではありません。いつも清潔にし、手をかけることが肝心です。伸びる前に切るのが僕のルールですが、やり方は人それぞれでいいと思います。

女性の場合は、男性以上に髪の手入れは欠かせないものでしょう。一般的に男性より長いので、そのぶん全体に占める割合も大きくなります。

体型や顔はすぐには変えられませんが、髪型なら変えられますし、手入れをすればするほどきれいになります。女性であればなおのこと、いつも「今日、美容院に行ってきたんですか」と言われるぐらいきれいにしておきましょう。

## 宝物の手入れ②　人とつながるには健康管理も大切

僕はお酒を飲まないし、早寝早起きをしていますが、人によってライフスタイルや仕事のペースは違います。みんながみんな、無理に禁酒することもないでしょう。しかし責任のある仕事をしていて、「自分に与えられた立場」を意識するのであれば、四十代からは平日のお酒は控えたほうがいい気もします。

規則正しい生活と、腹八分目も気をつけたいところです。僕は肉類をあまり食べず、野菜中心の腹六分目がちょうどいいのですが、これも人それぞれ。自分に合ったリズムを守るようにしましょう。

僕は四十歳から毎朝走るようになりました。これも健康管理を意識してのことですが、年に一回、人間ドックにも行っています。一泊二日で、徹底的に調べてくれるタイプのものです。

会社の福利厚生で受けられる検査に自分でオプションを加え、心電図やＣＴスキャンはもちろんのこと、血管の状態まで調べてもらっています。時間もお金もかかりますが、「ここまで徹底して診《み》てもらっている」と安心できるので少しも惜しくありません。自分で気づかないポリープなども見つかるし、経年変化も教えてもらえるので、「走るようになってから体が変わってきた」という嬉しい発見もあります。

同じように健康管理にお金をかけるなら、生命保険に入るより定期的に徹底してチェックしたほうが、はるかに有効だと感じています。

「とても優秀なのに、四十代から先の人生でくじけてしまう原因は、体をこわすこと」

尊敬する年上の友人たちは、口を揃えてこう言います。

無理を重ねる人は、人生というわば「はしご」から落ちていく。健康管理をちゃんとしている人は、「はしご」をさらに登っていける。この話を伺って以来、四十代からは体という宝物をますます大切にしなければならないと改めて思いました。「これからは、さらに健康管理が自分の第一の仕事だ」と肝に銘じました。

五十代、六十代はこれまで頑張ってきたぶん、経済的なゆとりも出てきます。そのときに元気が出ないのは、つまらないでしょう。旅行に出るゆとりができたのに病院通いに忙しくてままならないのは、悲しいことです。人とつながっていくためには健康管理も大切です。

## 宝物の手入れ③　歯のメンテナンス

**いつまでも元気に活躍している人たちは、若いころからきちんと歯のメンテナンスをしています。**

歯が健康でないとおいしくものが食べられませんし、おいしくものが食べられないと、体全体の健康に影響します。

歯のメンテナンスは、いくらしてもやりすぎということはない。たとえ虫歯がなくても、四十代になれば歯肉のケアも必要になってくる。もちろん入れ歯やインプラントという選択肢もあるけれど、自分の歯に勝るものはない――。

「だから定期的に、歯のメンテナンスをしに歯医者に通ったほうがいいよ」

これもまた尊敬する方に強くすすめられて、僕は四十代にして、徹底した歯科医通いを始めました。

計画としてはまずはしっかりと虫歯を治し、その後、歯列の矯正をします。

「その年で矯正ですか？」

驚く人もいますが、僕のまわりでは、それほど珍しいことではありません。

歯並びが悪いと虫歯になりやすいうえに、年をとったときだめになる危険が高いそうです。矯正すると三年ほど不自由だと聞きましたが、ほうっておいて六十代、七十代で歯を失うよりはるかにいいと感じます。お金の面でも、あとになればなるほど高くつくでしょう。四十代は矯正の最後のチャンスといっていいかもしれません。

もちろん、歯を磨くだけでなく、デンタルフロスを使う、歯肉の健康に気を使うという日々のセルフメンテナンスも欠かせません。

歯科医はたくさんありますが、いいところと今一つのところがあるのは、みなさんよくご存じでしょう。信頼できる人に紹介してもらうのがいちばんいいと思います。

たかが歯ではなく、自分の大切な宝物の一つ。ぞんざいに扱って、いいことがあるはずがないのですから。歯のメンテナンスを趣味の一つと思ってもいいくらいです。

## この章のまとめのエクササイズ

小さいころ、みかんの果汁で文字を書く「あぶりだし」をしませんでしたか？透明な果汁で書いた文字は見えないけれど、火にかざしたとたん、浮かび上がってきます。

誰でも、自分でも認めたくないような本当の気持ちを隠し持っています。それを見つけて、受け入れるために、「あぶりだし」をしましょう。火にかざすような、ちょっとした荒療治。

火の役割を果たしてくれるのは、体の辛さです。僕はジョン・ミューア・トレイルでトレッキングをしたとき、この方法を見つけました。

歩いて歩いて、高山病にもなり、テントのなかで氷のうえに横になり、
「このまま死んでしまうかもしれない」と思いました。
そのとき、なにを思ったか。誰の顔を思い浮かべたか。
自分でも認めたくないような、あっと驚く気持ちが次々、あぶりだされてきました。

わざわざアメリカのヨセミテ渓谷まで行かなくても大丈夫。
きついトレーニングをしたとき、
風邪を引いて熱を出したとき、虫歯が痛いとき。
そうした体が追いつめられたとき、心を見つめてみると、
意外な自分が見つかります。
自分が完璧でないことがあぶりだされてきます。
その、できれば見たくなかったみっともない自分こそ、
受け入れるべき自分です。

# 第三章　自分をひらくレッスン

# 孤独であることを打ち明けるから共感を得られる

大らかで、天真爛漫《らんまん》な人が、うらやましいと思ったことがあります。邪心がなくて、とびきり素直。裏表がありませんから、さぞかし、みんなに好かれるでしょう。

そういう人の持つ「どう見られようと、自分は自分」という姿勢は、さぞかし、人生をすっきりさせることでしょう。

ところが、僕ときたら、まるで逆。

けっこう自意識過剰で、友人関係でも仕事のつきあいでも、ついつい考えてしまいます。

「みんな、僕のことをどう思っているんだろう？」

「実は嫌われているんじゃないか」

「いずれ仲間はずれにされてしまうかもしれない」

この気持ちはどこに行っても、影のごとく、ぴたりとついてきたのです。

自分を良く見せたい、人に好かれたいと思って、ついてしまう小さな嘘。

人の幸せを「良かったね」と言いながら、どこかでくすぶっている焼きもち。

僕が抱えた秘密は、恥ずかしさにコーティングされた不安と寂しさになって育っていき、「嫌われるかもしれない」という恐れがいつもありました。


**僕が試して、楽になった方法は、自分の心のなかを人に話すこと。嫌われるかもしれない秘密の部分を、思い切って人に打ち明けたのです。**


相手は大切な親友で、彼に嫌われたくない、彼ときちんと向き合いたいという思いで、話をしました。「この人には、正直でいたい」と痛切に思ったのです。

親しい相手にすら、本当の自分を見せていない罪悪感めいたものがあること。

その本当の自分といえば、ちょっとした嘘をついたり、嫉妬《しっと》をしたり、恥ずかしくてみっともない人間であること。

彼は、じっと聞いてくれました。今思うと、キリスト教の人が教会でする告解や、カウンセリングのようなものだったかもしれません。

僕はそれで、救われました。心をひらくことができたのです。

自分の弱いところ、だめなところ、直さなければいけないと思っているところ。

それは誰からも隠すべき「恥」として、たいていの人が持っているもののようです。現に、僕が打ち明けた親友は、わかってくれました。

「みんなそうじゃない？」

「僕だってそうだよ」

「ああ、そうだったんだ」

特別なアドバイスなどなくても、聞いてもらえるだけでずいぶん違いました。

その後も、別の人にこうした話をしたことがありますが、「ええっ、松浦くんってそんな人だったの。信じられない」という反応はありませんでした。

僕の持っている「嫌われるかもしれないという不安と寂しさ」とは少し色合いが違うけれど、相手もまた「嫌われるかもしれないという不安と寂しさ」を持っていて、僕が自分を見せたことでわかりあえた部分もあります。

知り合い全員に、打ち明ける必要などありません。家族でも親友でもパートナーでも、自分が本当に大切にしている人に、恥ずかしい秘密を聞いてもらいましょう。

カウンセラーや心療内科の先生に話を聞いてもらうという方法もいいと思います。自分と関係ない人のほうが、かえって話しやすいということもあるのです。

**大切なのは、「嫌われるかもしれないという不安と寂しさ」を秘密にせず、言葉に出してしまうことだと感じます。**

自分を見せる。自分から見せる。これほど大切なことはありません。

自分をひらく努力をしましょう。「心をひらく」とは、ただ大らかで、みんなにニコニコし、人づきあいがいいことを指すわけではありません。普段なかなか言えない自分の話を、誰かに打ち明けること。これこそ、「心をひらく」行為だと僕は思っています。

「嫌われるかもしれない」と自分を閉じていると、相手はどうかかわっていいのか、わからなくて当然です。窓をぴったり閉ざし、昼でもカーテンを締め切り、気配すらしない家の住人と、つきあいたいと思うご近所さんなどいません。「嫌われるかもしれないという不安と寂しさ」を抱える人は、そんな家と同じです。

笑顔も見せない。自分から挨拶すらしない。本当の自分を見せることもない。これでは、自分からまわりを遠ざけてしまいます。嫌われるという事態を招く、それ以前に「関係ない人」と切り離されてしまうかもしれません。じっとしたままで、「誰か話しかけて。誰か私のことをわかって。できれば、本当の私を見つけ出して」と願うのは、ずいぶん難しい注文です。

**誰かに自分の秘密を打ち明けるほかに、普段からできる「自分をひらくレッスン」があります。それは、今いる場所を、見知らぬ旅先の外国だと思うこと。**知らない街、知らない言葉を使う場所で、友だちをつくろうとするときをイメージしましょう。そのイメージで、人とかかわるようにしましょう。

誰一人知り合いのいない外国に行ったら、まず自分から挨拶をし、笑顔を向けるのが、人とかかわるいちばんの方法です。相手から声をかけてくれるのをじっと待っていたら、ずっと独りのままなのですから、ほかに方法はないのです。

普段からこのレッスンを試し、ときどき親しい人に、自分の話を思い切ってしてみる。これでずいぶん、楽になるのではないでしょうか。

自分から心の扉をひらいてみましょう。
簡単です。
知らない人でも自分から挨拶し、
笑顔を向ければいいのです。

# 人知れず、ささやかに、いつも親切に

「人のためになにかしよう」

心に決めたときに大事なのは、「大きいことをしよう」と思わないこと。大金の寄附、ボランティア、世の中を変えるような発明や事業。「人のために与えるもの」は、必ずしもわかりやすく大きなことでなくてもいいというのが僕の意見です。

お金がなければ寄附はできないし、時間がなければボランティアはできません。世の中を変えるような発明や事業は、誰にでもできるとは限りません。

「だから自分には与えられるものなどなにもない」

あきらめてしまうのは悲しいことです。視点を変えて、小さなことに目を向けましょう。

日常のなかで、自分が与えられるものはなにか。

身近な人間関係のなかで、自分が与えられるものはなにか。

真剣に考えてみると、できることはたくさんあります。気持ちの良い挨拶や、ていねいな所作。おだやかなドアの開け閉め一つ、優雅な物の置き方一つで、まわりにやさしい気持ちを与えることができるし、なにかを気づかせることもできます。

「与える」という言葉に身構えてしまうのなら、「世の中全体と、自分以外のものに対して親切になろう」と置き換えるといいでしょう。

**人知れず、こっそりと、人のためになにか親切なことをしてみる。**

これは与える行為であると同時に、自分の気持ちを温めてくれます。小さな親切は自分にも幸せな気持ちをくれるので、ますます親切にする力がわいてきます。

たとえば会社のトイレに入ったら、濡《ぬ》れているところを拭《ふ》いておく。傘立ての整理をしてみる。家のなかではゴミを片付け、近所ではゴミ集積所をさっと掃除する。どれも簡単で、即座に始められることです。

とてもささやかなことばかりですが、ちょっとした親切を人知れずできるようになるだけでも、「いただく」から「与える」にスイッチを切り換えることができます。人知れぬ小さな親切を意識的にするようにしてから、僕もそう実感しています。

## 「相手が求めていること」をする

小さくささやかな親切に慣れてきたら、少し上級の「与える練習」をしましょう。

どんなに裕福で恵まれた人でも、自分を助けてくれるなにかを探しているものです。

人に与えるには、その人が求めている「なにか」を知らねばなりません。

「日々の生活のなかで、人はなにを求めているんだろう？　なにによって助けてもらいたいと思っているんだろう？　なにを不安に思っているんだろう？」

こうしたことを考え、なんらかの答えを導き出し、自分なりにできることを与えることは、仕事にも結びつきます。

僕の場合は、出版という仕事をしたり、本を書いたり、古書店を経営することで、人々の求めに応えたいと思っています。僕が表現していくもののなかから、一人ひとりが自分の求めている答えを発見し、喜んでもらえたら、それがいちばんの幸せです。

仕事の成果とは、「これだけやった」という量ではなく、「こんなに頑張った」という自分の気持ちでもなく、「どれだけの人が喜んでくれたか、どれだけの人が役に立ててくれたか」で決まる。そう思えてなりません。

**仕事を通して人に与えることができれば最上の喜びです。自分という歯車を、社会という大きな機械に合わせない限り、仕事は成功しません。**人生そのものも空回りしていく気がします。

僕の友人に、極上の腕を持つ料理人がいます。彼はとても仕事熱心で、朝早くから夜遅くまで長時間にわたって働くことも厭《いと》わず、いつもおいしい料理を研究しています。その彼が、あるとき僕に言いました。

「頑張っているけれど、それに見合う売上にならない。納得がいかないんだ」と。

どうしたらいいのかと悩む友人に与えられるものはないか、僕はしばらく考えてから、こう言いました。

「メニューにオムライスを入れたらどうかな」

本格フレンチの店には突飛な提案かもしれませんが、僕が伝えたかったのは、「お客様が求めていて、お客様が喜ぶ料理をつくってはどうか」ということでした。

彼はすぐれた料理人だけに職人気質《かたぎ》で、マニアックなところがあります。お店に来たお客様がメニューを見ても、パッと思い浮かぶような料理がないのです。カタカナとフランス語で、「ア・ラ・なんとか」や「○○風△△の××ソース」と書かれた料理を見て、「う〜ん、これはおいしそうだ。食べたい！」と感じるお客様は限られています。

しかし「オムライス」と書いてあげれば、ほぼ全員がオムライスをイメージできます。黄色い卵がとろりふわりとかかっていて、ほかほかのごはんの風味が広がる味を感じるのです。イメージできれば、「オムライスが食べたい」と思うでしょう。

実力があるゆえのマニアックさやプライドが、彼の邪魔をしているのではないかと僕は感じました。「お客様に喜ばれたい」という気持ちより、「自分が納得のいく料理を出したい」という気持ちが優先しているから人に喜んでもらえず、売上にも結びつかないのではないかと率直に話しました。

お店はしゃれたインテリアで、格好いい店員が揃っていますが、もしかするとそれも「敷居が高い」というプレッシャーをお客様に与えるものかもしれないのです。

「仕事とは自己満足じゃないはずだから、ちょっと切り換えてみたら」

賢い人なので、僕の話に彼は深くうなずき、納得してくれたようでした。

人は素晴らしいものも求めますが、自分の目線よりもちょっと下のもので安心する性質があります。それゆえに「よく知っている」という感覚を求めることも多いのです。その点を決して見落とさずに、「よく知っているものがほしい」という相手の要求に合うものを与える。さらにプラスαも与えることが大切です。たとえば飲食店であれば、店をファミリーレストランのようなつくりにする。ファミリーレストランとは、誰もがよく知っていて、気楽に利用できるところ。家族連れでも行けるし、おしゃれしなくても行ける。部屋着でも大丈夫という安心感があるでしょう。そこで、メニューや店の様子はファミレスのごとくよく知ったものばかりにし、けれども一流の店よりもおいしいものを出す店にしたら、最高ではないでしょうか。

人が求めるものを与えるとは、単に極上のレベルが高いものを提供すればいいということではありません。相手を緊張させず、肩肘《かたひじ》はらせず、それでも素晴らしいものを与える気づかいができたとき、本当の満足を提供することができるのだと思います。

## 「たくさんの人に喜ばれること」をする

僕の友人である料理人が、頑張っているのに報われない原因はもう一つあります。それは、たくさんの人を喜ばせていないこと。食通といわれる人が大喜びするような料理を出す店ですが、そうしたお客様は大勢というわけにはいきません。

「どれだけの人が喜んでくれていると思う？」

僕が訊ねると、彼はしばし黙り込み、「二〇〇人ぐらいかな」と答えました。

たくさんの人が喜んでくれているかどうかと収入は比例します。ハリウッドスターが桁違いのお金を稼ぐのは、映画に出ることで世界中の何百万人もの人を喜ばせているからです。「面白い映画が観たい」という人のほしがるものを、大勢に対して与えているから、それが循環してお金として返ってくるということです。

「たくさんの人に喜ばれることをしているか？」

この点を考えない限り、ポジションや収入は上がっていかないと思います。オムライスに象徴される「たくさんの人が安心するもの」は、「たくさんの人に喜ばれるもの」でもあるのです。もし、彼が最高のオムライスを出すようになれば、四〇〇人、八〇〇人と喜ぶ人を増やすことは、そう難しくはないでしょう。

**仕事を通じて自分ができることと、世の中の人が求めているものを噛み合わせていく。これも「与える人生」の練習になります。**だからくれぐれも空回りしないように、よりたくさんの人と噛み合うように工夫しなければなりません。

最初は一〇〇人の人が喜んで役に立ててくれる。その次に三〇〇人の人が喜んで役立ててくれる。やがて五〇〇人、一〇〇〇人の人が喜んで役立ててくれるというように増えていくと、自分の社会的な評価も信用も増えていきます。結果として確固たるポジションができ、収入が増えれば、より大きなスケールで人に与えられます。

年齢を重ねるごとに、より大きなスケールで与えることも考えていきたいものです。少なくとも僕は、日々、真剣に考え続けています。

もちろん、「自分のスタイルが大切だ」「身近な人だけに与えて喜んでもらえればいいし、わかる人だけわかってくれればいい」という生き方もあり、それは人それぞれでしょう。僕にもその気持ちはよくわかります。

なぜなら三十代までの自分がそうだったから。喜んでくれる人はいましたが、小さな世界でのことでした。三十代までの僕は精一杯、格好つけており、自分のスタイルを極めることで共通の価値観がある人になにかを与え、喜んでもらおうとしていました。

ところがあるとき作家の友人が、こんなことを言いました。

「どんな本でも売れなきゃだめだ。いくら立派でいい本をつくっても売れなきゃだめなんだ」

彼は非常にこだわりがあり、いい本をつくることについては命をかけるぐらいの人物です。しかし、残念ながら本はあまり売れていません。

「売れていないのなら、いいものじゃないのか。なるほど、もし、いいものだったら世の中の人がみんなほしがるな。結局、いいものだと思っているのは自分だけか」

僕は彼との会話をきっかけに、はたと気づきました。

八方美人になるわけではないけれど、もう自分のこだわりは捨てるべきではないか。これからは、たくさんの人が喜ぶものを与えることを優先したほうがいい、と。

この考え方をするようになってから、大きな世界が開けた気がしています。

たとえば、新しい企画を立てるとき、僕はデパートの食料品売り場やショッピングセンターなど、とにかくいろいろな人が集まるところに行きます。ごく普通の人たちに喜んでもらえることはなにか、四六時中考えています。電車に乗れば「この車両にいる人たちを喜ばせるには、なにが必要か？」と思いを巡らします。

要は選択の問題です。「自分にはお金もポジションも社会的信用も必要ない」と思うのなら、わが道をゆくと決めていい。しかし、そうしたものがほしいのであれば、大勢の人たちがほしがることを与えなければなりません。「自分の道を行きたいけれど、お金も社会的信用もほしい」というのは無理な話です。

いずれにしろ、懸命に人を喜ばせようとし、実際に喜んでもらうことが大切です。「人事を尽くして天命を待つ」という言葉がありますが、人事を尽くすことは、そうたやすくはないのです。

# 困難に立ち向かう練習

僕は少し前から、毎朝のランニングを始めました。

朝起きて、ザブッと顔を洗っただけでウエアに着替え、家の近くの道を、およそ一〇キロ走るのです。

その道は、それまでなにを意識することもなく、普段すいすいと歩いていた道でした。ところが、走るとなるとまるで違います。

涼しい季節に、無理のないペースから始めたのに、たちまち汗が出てきます。数日走り、「慣れてきたからスピードをあげて走ってみよう」とやってみたら、息切れしました。馴染《なじ》みの道がしんどい道に変わってしまったのです。

やがてしんどさに慣れたころ、もっとペースをあげてみました。すると、しんどい道はいばらの道に変わり、「走り抜くなんて無理だ」と声をあげたくなりました。

しかし、いつしかペースをあげて走ることに慣れてしまえば、もうすいすいと楽に走れるのです。息が切れることなく、足がもつれることなく、今では気持ち良く朝のランニングができます。

ささやかなことですが、僕は「長い距離を速いペースで走る」という成長を遂げたということです。

「困難に対する不安と寂しさ」は、これと似ています。困難を避けて通りたいという気持ちは、誰にでもあります。しかし、「苦しい、辛い」と感じるのは、自分が多少なりとも成長したり、前進したりしているしるしです。

なにも感じないということは、自分にとっては慣れ親しんだ楽な道ということで、そこには成長も学びもないのですから。

トレーニングをするときは、鍛えたい部分により多くの負荷をかけるのだそうです。腕を鍛えたいなら、腕の筋肉をちょっときついくらいに動かす。足を鍛えたいなら、くたびれるくらいに足を動かす。

つまり、辛い思いをした部分は、辛い思いをしたぶんだけ、強くなるということのようです。

困難もこれと同じで、**今、あなたに困難が起きているのならば、それは自分に足りないなにかを補うために起きているのではないでしょうか。**すべての辛い出来事は、自分の弱い部分を鍛えるための「お誂《あつら》え向きの試練」なのかもしれません。

コミュニケーションが苦手だという人が、人づきあいに悩んでいるとしたら、「もっと上手に人間関係を築けるようになるために、今、弱い部分に負荷がかかっている」と考えてみる。

仕事でまだまだ未熟だという人が、経験したこともないトラブルに見舞われたら、「足りないものを補い、もっと仕事ができるようになるための試練が訪れているんだな」と考えてみる。

すると、目の前の苦痛から、逃げ出したりしなくなります。困難に見舞われてもなにもせず、いたずらに不安と寂しさをふくらませることもなくなります。逆にあらん限りの力を動員して、真摯に立ち向かう勇気がわいてきます。

そうすれば、きっと成長できると僕は信じています。

生きていると、自分の力ではどうしようもないことが起きます。「強くなるための試練だなんて思えない」と感じることもあるでしょう。本当に悲しいし、落ち込むし、悩みます。絶望に押し潰されそうにもなります。

それでも、最終的にはこう思いたい。

「この出来事によって、僕はなにかを学ぶ」

「僕は階段を一段あがるために、この出来事に出合った」

悩んだすえにこの思いにたどり着ければ、別のドアがあきます。

ただし、階段をのぼり、別のドアをあけるまでには時間がかかります。一晩悩めばすむという話ではないし、「いくらなんでも、こんなことには耐えられない」という出来事にも見舞われます。「どうして自分一人、こんな辛い目に遭わなければいけないんだろう」と叫びたくなることもあります。

そんなとき僕は、おまじないを唱えます。

**「僕にはちゃんと乗り越えられるからこそ、この試練が起きているんだ」**

すると すごく楽になり、再び、「この出来事は、僕になにを教えようとしてくれているんだろう？」と考えられるようになります。

辛いことがあったら、その出来事を恨むのではなく「学ぶ機会をいただけました。ありがとうございます」と感謝できる自分でいたいと思っています。与えられたものすべてをプレゼントとして受け取れれば、すてきな人になれる気がします。


人生は、階段を一段一段のぼるようなもので、困難を一つ克服すれば、また別の困難がやってきます。永遠に消えることはないし、その繰り返しが成長しながら生きるということです。

苦しいことも辛いこともない人生なんて、つまらないと感じます。

苦しみや辛さを知っていれば、自分の弱さも人の弱さも知ることができるし、同じ弱さを抱えた者同士として、まわりの人に対して思いやりを持つこともできます。

**もう一つ、絶対の真理があります。苦しいことや辛いことは、逃げれば逃げるほどついてくるということ。**

それならば、受けとめてしまおうではありませんか。抱きしめてしまおうではありませんか。どんな苦しみでも抱きしめて、成長の糧《かて》にしようではありませんか。

困難なことが起こったとき
「自分にはちゃんと
乗り越えられるからこそ、
この試練が起きているんだ」
とおまじないを唱える。

## お金の備えも忘れない

　ぴかぴかの一年生に戻って、毎日をていねいに送ると、やがて自分の翼は広がっていきます。

　蝶として大きく飛ぶごとに、仕事も豊かになります。いろいろな人に役立ててもらい、喜んでもらうように努めていくと、入ってくるお金は自然に増えます。しかしこれは、いずれ社会に還元すべきお金です。

　自分のために使うお金はお金として、日々の営みのなかできちんと備えておきましょう。家族や社会に依存せずに生きていくためには、老後の資金も必要です。

　まずは確実に出ていくお金（ランニングコスト）をはっきりさせましょう。入ってくるお金は、仕事が成功したり、役目が広がったりすれば、増えていくので変動的です。しかし、出ていくお金というのは、状況が変化しても自分の意思である程度までは決められます。病気になる、家族が事故に遭うなど不測の事態で出ていくお金は別として、自分でコントロールできる支出がほとんどなのです。自分と家族にとって、必ず出ていくお金をはっきりさせましょう。子どもがいるなら教育費。家賃や住宅ローン、生活費、医療費。

はっきりさせたら、出ていくお金はできるだけ減らしましょう。なににどう使うかを考えることが、老後の資金を確保するいちばんの近道です。

**支出を抑えるといっても、自己投資まで抑えることはありません。ちゃんと身になるお金は、惜しみなく使うことです。**年下の人にごちそうするといった与える行為に使うお金も、決して惜しんではいけません。

世間では「六十五歳で定年になったら、その先一人二〇〇〇万円の現金が必要だ」といった情報が出ていますが、それが正しいのか、みんなにできることかは僕にはわかりません。人それぞれのスタイルも事情もあります。

まずは四十代、五十代、六十代それぞれで、「一カ月の生活費としてはこれだけ」と決めておくと、いくら貯金を持っていればいいのか、実際にいくら貯金できそうかも見えてきます。「貯金なんか無理だ」とあきらめるのではなく、自分なりの賢い方法を見つけ出せると思っています。これならば、現実的にそれぞれの老後が迎えられるのではないでしょうか。

# 失いたくないなら、分かち合いなさい

おもちゃを独り占めしたがる子どもがいます。

「クマのぬいぐるみも、お人形も、ボールも、ゲームも、全部、私のだから、誰にも貸してあげない！」

そう言って全部抱え込もうとしますが、子どもの小さな手と短い腕では、クマとお人形とボールとゲームを全部いっぺんには持てないのです。おまけにその子にとっては、ライオンのぬいぐるみと、自分の背丈ほどもあるウサギのぬいぐるみも、大のお気に入りで宝物なのです。おもちゃのピアノも持っていて、とうてい抱えきれません。

子どもは不安になり、ありったけのおもちゃをまとめると、全部を自分も入れるくらいの大きな箱に放り込み、その前に立ちはだかって、番をします。

「誰もさわっちゃだめ！」

貸してよ、遊ばせてよと騒いでいたほかの子どもは、仕方なくあきらめて帰ってしまい、子どもは安心します。

しかし誰もいなくなったとき、子どもはようやく気づくのです。いくらおもちゃがあっても、一人で遊んでも楽しくないことに。

お人形ごっこもボール投げも、友だちがいるからできるのです。クマのぬいぐるみをしっかりと抱き、自分の背丈ほどもあるウサギのぬいぐるみに寄りかかれば、なんとなく安らぐ気はしますが、友だちといるときほど、嬉しい気持ちにはなれません。

やがて子どもは、いちばん大事なクマを抱きしめて、外へ出て行きます。

「これをあげるから、誰か遊ぼうよ」

財産やら大切なものを蓄えることは、半ば人間の本能です。

将来への不安や恐れを消そうとお金を貯めて、今度はそのお金がなくなったらどうしようという不安に取り憑かれる人もいます。

「それは、財産やら大切なものを持っているお金持ちだけの心配でしょう。私には、関係ありません」

こう言って笑う人もいるかもしれませんが、誤解です。大切なものは、どんな人にでもあります。それが一万円の価値なのか一〇〇万円の価値なのか、ささやかな家なのか大豪邸なのかという違いはあるかもしれませんが、誰にでも大切なものはあります。

お金に換えられない友人、恋人、家族が大切だという人もいるでしょう。仕事やポジションが大切な人もいるでしょう。

「これを失ったら、どうしよう」

そう感じるほど、かけがえのないものは、すべて財産です。

誰もが勘違いをしている点は、それらを「持っている」「自分のものだ」と認識しているところ。**大切なものは全部あなたのものではなく、あなたが預かっているものや役割に過ぎません。**

自分のものなど、実はなに一つないということです。

もしもあなたが大金持ちなら、それは「この人に預ければ、お金を社会のために有効活用するだろう」と信用され、一時的に預けられているということ。だから決して私物化してぜいたく品を買ったり、快楽のために使ったり、自分のために貯め込んだりしてはいけません。

「どんなふうに上手に使えば、社会のために役立つだろう？」

頭を絞って考え抜き、大切に使うことです。

もしもあなたに社会的地位があるなら、それは「この人は、社会のための行動をし、責任もとれるだろう」と信用され、一時的に任されているということ。だから「私の努力が実った。実力があった」とうぬぼれて、その地位にふんぞりかえってはいけません。

「社会のために、自分ができることはなにか？」

知恵を絞って考え抜き、きちんと実行することです。

もしもこのルールを守らなければ、お金も地位も取り上げられてしまいます。

すべてはあなたのものではなく、預かりものなのですから。
持っているものは「自分のものではなく、いっとき、預かっているだけ」。この考え方を身につければ、失う不安、とられる心配、なくなってしまうという寂しさとは無縁です。それどころか、みんなと分かち合う喜びが生まれます。おもちゃは、みんなで遊んでこそ楽しいものだと、子どもが気づくように。

会社の給料も「働いた対価」「当然のように自分のお金」と思ってはいけないと感じます。たとえば毎月三〇万円もらっているなら、私利私欲のために使うのはもってのほか。自分のために使うとしたら、健康を維持し、元気に働くためや、もっと成長するための学びに使いましょう。そして、たとえば、少なくとも倍の六〇万円ぶんは、仕事を通じて社会にお返しできるような働き方をすることです。それが、三〇万円という預かったお金の、有効活用です。貯金をして家を買うのも、自分がその家によって精神的にも肉体的にもより健康になり、もっと大きな社会貢献ができるのであれば、正しい使い方になります。

大きな社会貢献をする人は豪邸に住んで当然ですし、まだ若くてささやかな貢献しかできない人は、アパート暮らしが相応です。すべての生活や仕事は、社会のためのものなのですから。

所有という概念を消してしまえば、「財産やら大切なものを失う不安や寂しさ」とは無縁でいられます。なにももたないその先には、もっと豊かな世界がひらけているはずです。

一カ月のお金の使い道を
調べてみましょう。
有効に活用できていますか？

# 本当の豊かさとはなにか？

「貧乏で、いやになる」

「貧乏なまま、一生を終えるのだろうか」

貧乏だ、貧しいという言葉を、たやすく使う人がいます。

では、貧しさとはなんでしょう？　まずはそこをよく考えるべきだと、僕は思います。

お金がないということでしょうか。贅沢《ぜいたく》ができないということでしょうか。好きなようにものが買えない、いい家に住めないといったことでしょうか。

よく考えもせず、言葉だけが先走りして「貧乏だ」というのは、いたずらに不安をあおり、寂しさを募らせる原因だと思います。

貧しさというのは、自分が満足しているかどうかで決まります。お金、家、持ちものなど、自分の外側に満足を求めていたら、いつまでたっても貧しいまま。どれだけお金があっても、どれだけ恵まれていても、満たされません。人よりたくさん持っていなければと考えたら、きりがないということです。

もっと自分の内側に目を向けましょう。目に見えないものに価値を見いだすことができたら、貧しさとは永遠にさよならできます。たとえ世間の標準から見て「貧乏」であったとしても、満足して生きていけます。

**お金にしても、ものにしても「持っていないこと＝不幸」ではないと、肝に銘じたほうがいいと感じています。**

ブータンの国王は、一九七〇年代にＧＮＨ（国民総幸福量）という考え方をひろめ、国の方針としました。ＧＤＰ（国内総生産）ではなくＧＮＨで、幸せかどうかを判断するということです。

二〇〇五年におこなわれた国勢調査では、ブータンの国民の九七パーセントが、「自分は幸せである」と答えています。

ブータンは、歳入の三割をインドなどほかの国からの支援に頼っている貧しい国で、国民の二三パーセントが「貧困線以下」(二〇〇七年)とされています。

実際に、二〇〇七年のGNH調査では八割近くの人が「過去一年間の収入に不満がある」と回答しています。

それでも同じ調査の、「あなたの収入は家族が毎日必要な食べもの、住まい、衣服を満たしていますか」という質問については、肯定している人が八八パーセントにのぼります。さらに「精神的な幸福感」を感じている人は、八七パーセントだといいます。お金と幸せは関係ない。ブータンの人はそれを知っているのでしょう。

イギリスの心理学者エイドリアン・ホワイトの分析によれば、日本の「国民の幸福度」は一七八カ国中、九〇位(二〇〇六年)。ブータンよりはるかに豊かであっても、幸せを感じる人は少ないようです。

「もっと、もっと」の気持ちでいると、何事にも、どんなことにも、満足できなくなってしまいます。

「なにもないし、つまらない」と言い続けている人は、天国に行ったところで文句を言う気がします。

ものやお金が、いくらあってもなくても、同じこと。貧しいかどうかを決めるのは、自分が満足しているかどうかであり、結局のところ自分の心が「貧しいという不安と寂しさ」をつくりだしているのです。

**お金というのは、ものすごく操縦が難しい乗りものに似ています。お金をたくさん使うとは、それ相応の能力と責任を求められるということです。**

仮に、いわゆる普通の収入の人には、四人家族を乗せた自動車を運転するくらいの能力と責任が必要だとすれば、お金持ちの人には、二五〇人の乗客の命を預かって空を飛ぶ、大型航空機のパイロットくらいの責任と能力が必要だということです。

もちろん、これはあくまでたとえです。人の命の重さは数でははかれませんが、プロとしての責任と能力を求められるのは、マイカーのドライバーよりもパイロットのほうでしょう。プレッシャーやストレス、苦痛も、責任の重さに比例してついてきます。

お金は社会から預かっているものであり、個人の所有物ではないのですから、そのあるなしで、幸せは決まりません。こう考えると、「貧しいという不安と寂しさ」からは解放されるのではないでしょうか。

## お金はまた、「どう使うか」が大切です。

たくさんのお金があっても、必要以上に大きい家を買う、贅沢をする、楽しみに浪費するくらいしか思いつかない人は、お金を有効に使うアイデアを持っていないということ。それでは減っていくだけで、お金が喜ぶ使い方とはいえません。

「貧しいという不安や寂しさ」から解放され、もしも本当に豊かになりたいのであれば、自分のためにではなく社会のために、どれだけ有用にお金を使えるか、知恵を絞りましょう。そのアイデアがある人に、お金を使うチャンスが巡ってくるのだと思います。

仮に百億円の現金を
自由に使っていいとしたら、
どんなふうに使いますか？

## 感動でお金を循環させる

大人と認められる年齢になり、成熟していくこれからは、三十代までのライフスタイルから切り換えたいし、そんなお金の使い方をしたいと思っています。いくら上質の世界を目指しても、悲しいかな、上にはいくらでも上がありま す。

少しずつ少しずつ、より上質な世界を目指せば、「次はその上、その次はそのまた上」と、いつか到達できるでしょう。頑張って歩いているぶん、世の中にある素晴らしいものに触れたいし、これまで知らなかった経験をして感動したいと願っています。

上質な世界を目指し、成熟した大人にふさわしいライフスタイルに切り換えるとは、単にお金をたくさん使うことではありません。「感動にお金を払う」というルールが、すべての鍵を握っています。

たとえば、食べるものに気を使う。毎日使う野菜や調味料は、ほんのちょっと高いだけで、安全で感動できるようなものが見つかります。あまりにもケミカルなものより、自然なものを探せば少しだけ割高ですが、その味から得られる感動は、値段をはるかに上回ります。幸いなことに、今は遠くから取り寄せなくてもゲランドの塩だろうと有機トマトケチャップだろうと、近所のスーパーでも充分にいいものが手に入る恵まれた時代です。

**どうせお金を払うなら、感動に対してお金を払いましょう。それもまた、成熟した大人にふさわしいライフスタイルにつながります。**

少しばかり高くても、一さじの塩で感動できて、笑顔になれたら、なんとも素晴らしいではありませんか。

僕の知人のスタイリストさんは大のホテル好きで、機会を見つけては高級なところに泊まっています。

シーツがパリッとしていて気持ちいい。心からくつろげるようなサービスが嬉しい。一つひとつの部屋がきれいに掃除されているのがすてき。彼女は小さなことにも感動する豊かな感性の持ち主で、「ああっ」とか、「可愛《かわい》い！」とか、「きれい」と声をあげるたび、こちらもつられて感動するほどです。

僕もホテルが好きで、時折一人で泊まったりするので彼女の話に共感します。しかし人によっては、「なんて贅沢な人だろう」と眉をひそめるかもしれません。僕にしても、「あなたはいつもごちそうしてくれるし、なんて贅沢な人なんだろう」と若い人から思われることもあります。

しかし、これは誤解です。僕からしてみるとまったく贅沢などしていません。彼女にしてもおそらく同じで、感動にお金を払うのなら、たとえそれが高価であっても決して贅沢や浪費にはならないのです。

たとえば、自分の勉強のための投資だと思って高級なホテルに泊まり、感動すると、人生の貯金箱にコインがたまります。経験や知識としてたくわえられるのです。

それについて人に話したり、本に書いたり、感動をシェアするという「与える行為」をすると、レバレッジが働き、みんなが喜んでくれるというコインがたまります。一緒にお金そのものも入ってきます。それがまた、上質な経験という投資をする資金となり、若い人にごちそうするといった与える行為もできます。

「使えば使うほどお金が入ってくる」とは、こういうことだと思います。

使ったお金が感動によって循環していれば、一生お金に困らない。僕はそんな気がしているのです。ほんとうにただの贅沢や浪費をしていたら、僕など今ごろ、借金まみれになっていたでしょう。

僕が、くれぐれも避けているのは「ただのもの」。「ただより高いものはない」というのは本当です。値引きされたもの、安すぎるものには絶対に近寄らない。ポイントの類いもためません。そういうものにお金を使ったところで、なに一つ返ってこないし、逆になにかを失うと感じます。

たとえば、この不景気な世の中で、極端に安いものには必ず安い理由がありす。安すぎるカシミアセーターは、過酷な労働環境で我慢している人たちの犠牲でできているのかもしれません。そんなものを買ったら、自分がその人たちを踏みつけにしているのと同じだと思うのです。

世の中のすべては循環している。だからこそ、これからの人生はよく考えて、なんらかの形で自分と世の中に健全にリターンされるお金の使い方をしましょう。

## 一流のお店で「与え方の勉強」をする

**目上の方々にこれまでしていただいたことを、自分より年が下の人たちに与えることで還元していく。僕は、この意識を忘れずにいたいと思います。**

手始めに若い人を一流の店に連れて行って、とびきりの食事をごちそうするといいでしょう。

一流の店で若い人にごちそうするとは、単に「おいしい食事を与える」ということではありません。

「世の中にはこういう素晴らしい料理があって、こういう素晴らしいサービスがある。自分では行けないような店で、おおいに勉強してほしい」

そんな気持ちで、僕は若い人にごちそうをします。値は張りますが、自分自身も感動するようなお店で過ごす貴重な時間を考えると、少しも高くないとわかります。

グルメガイドで調べた一流店に連れて行けばいいわけではありません。まずは自分が「与える勉強」をしておかなければ、人に与えることなどできないでしょう。

僕の場合は十代から社会に出ており、まわりに大人がたくさんいたので、老舗《しにせ》中の老舗のような店にずいぶん連れて行ってもらいました。まだ子どもですから、手を叩《たた》かれたり、足を叩かれたり、怒られながら作法を学んだものです。

このように、若いころから一流店に出入りして社会勉強をしたとはいえ、自分が連れて行く立場となると話は別です。

いつ行っても自分の顔を立ててくれるし、こちらの要望もわかってくれる。さらにお互い信頼関係がある店を、四十歳を境にいくつか探すことにしました。

失敗しながらずいぶん勉強したおかげで、今では「友だちが三人、どうしても食事をしたいのですが、あとで僕が勘定を払いますから、食べさせてやってくれますか」とお願いをしても、「わかりました」と、もてなしてくれるようなお店に出合えています。

どんなお店を選ぶかは、第一に自分が連れて行っていただいてすべてにおいていたく感動した店。第二に、好奇心を持ち、自分で信用を培ったお店です。日常的に行く気心が知れたお店を二、三軒。週に一度行くちょっといいお店を二、三軒。ワンシーズンに一度行くとびきりの一流店を二、三軒。これだけ知っていれば安心ではないでしょうか。

自分でお店を開拓するにはお金も時間もかかりますが、惜しんではいけません。

はじめてのお店は、人を連れて行く前にまずは一人で行きます。普段使いのお店を探す場合はランチでもいいのですが、一流店であれば夜、一人でフルコースを食べてみます。

僕はワンシーズンに一度、そのときいちばん気に入っている最高ランクのお店に若い人を連れて行くのですが、そういうお店には一人で来ている男性がたくさんいます。リサーチではなく自分自身の勉強のために、おそらく自己投資をしているのです。そうした人は身なりもちゃんとしていて礼儀正しい。行儀悪いお酒の飲み方も決してしません。いい店に行けばいい店に行くほど、一人で来ているお客様が多いようです。

一流のお店と信頼関係を築くコツをこんなふうに僕は教わりました。毎週のようにちょこちょこ行って、ちょこちょこ食べて常連になるよりも、たとえば一カ月に一回、定期的に行き、常にその店のその時の一番を注文することです。

一流店に若い人を連れて行くのは、僕にとっての「自分のルーティン」であり、今度は誰を連れて行こうかと考えるのも楽しみです。

帰り際、若い人たちにはお店からのお土産までつきます。僕の顔を立ててくれるのです。贔屓《ひいき》のお店とは、そういうものではないでしょうか。与える側としては、自分によくしてくれるより、自分が連れて行った人に最高のおもてなしをしてくれるのが、なにより嬉しいものです。

僕が連れてきた若い人は感激し、いつか自分がしかるべき年齢になれば、また別の若い人を連れてくるでしょう。老舗とは、こうして続いているのかもしれません。

与える側としては、僕はまだまだひよっこです。今でも年上の方との食事の機会が多く、ごちそうになることもたくさんあります。ちょうど中間の世代ということでしょう。そこで最近、新たなルールとして付け加えたのは「順番制」です。

「今回は私が店を選んで私が払いますので、次は、お願いします」

こうするとお互い気兼ねがないし、年上の方にも失礼なくごちそうすることができます。双方でいいお店を教え合うことにもなります。

# 一流店での作法には意味がある

参考までに、僕がいっぱい失敗し、恥ずかしい思いをしながら勉強してきた「一流のお店の作法」を、まとめてみましょう。

## 一、身だしなみ

一流店に行くからといって、高級なものを着ていく必要はありませんが、ジーンズやカジュアルな服装は避け、ジャケットを着るくらいの普通のいでたちでいいと思います。スニーカーはやめましょう。シャツならきちんとプレスされたものを着ること。女性は「料理の匂いの邪魔になる香水をつけない」というマナーを守れば、常識的な服装でいいでしょう。忘れがちなのは荷物を少なくすること。いい店は預かってくれますが、手元において邪魔にならない程度にまとめておくと品がいいものです。

## 二、話し方

大きい声で話さないこと。これはなにがあっても鉄則です。自慢話をしない、人の悪口を絶対に言わないのも、当然のこととして守りましょう。一流店には一流の人が集うのですから、その場を乱してはいけません。「仕事がうまくいっている」という羽振りの良さを見せつける話も避けましょう。順調だということは、一流店に定期的に来ている時点で証明されているのですから、わざわざ吹聴《ふいちょう》することもないのです。「すみませーん！」とお店の人を呼ぶのも避けましょう。僕は昔、うっかりやってしまい、店に連れてきてくださった方に「下品だからやめなさい」と叱《しか》られました。いい店では、言わなくてもしかるべきタイミングで向こうのほうから来てくれるもので、なかなか来ないのはどうしても忙しいときです。

## 三、ふるまい

常連だからといばったり、尊大な態度をとったりするのは、もってのほかです。あくまで品良くふるまいましょう。知らない人はいないでしょうが、食事のあいだにトイレに立つのは禁物です。ひととおり終わってから、席に座る前にすませておきます。食事中に席を外したら、そのあいだは自分が招待した人を置き去りにすることになるのです。また、近頃は多くの人が料理の写真を撮ります。宣伝になる面もあるのでお店の人も怒りませんが、いい店に行ったら、カメラを出せる雰囲気ではないことも知っておきましょう。

## 四、いただき方

食べるペースはとても大切です。一流店はいちばんおいしいタイミングで料理を出してきます。熱いもの、冷たいもの、あたたかいもの。食べたあとおなかのなかに沈んでいってふっと一息つき、「また違うものを食べたいな」と思ったとき、絶妙な間で次の料理が来ます。こちらもぐずぐずせず、リズム良くいただきましょう。体調を整え、たとえどんなに嫌いなものが出てきても食べましょう。一流の店は出したものを全部記録しているので、次回はおそらく同じものは出てきませんが、自分が招く側になると予約するときに「これはちょっと苦手なので」と言い添えることもできます。

## 五、支払い方

意外に気づかないことですが、カードOKのお店でもできるだけ現金で払うこと。人を連れて行って十数万円の支払いになっても同じです。いい店は極上の食材を仕入れており、極上の食材は現金払いでしか手に入りません。十数万円使ったお客様でも、現金が店に入るのが一、二カ月先のカード払いでは嬉しくありません。「一流店でカードを使ったら客として失礼」くらいに思っておきましょう。一流店に思いつきで行くわけはないのですから、あらかじめ封筒に入れて用意しておけばいい話です。「一人三万円程度の店に若い人を連れて四人で行くから、お酒を入れて二〇万円ぐらい」と用意し、支払いのときは「これでお願いします」とまっさらなお札を入れた封筒をさっと出せば、しばらくしてお釣りを入れてくれた封筒が返ってきます。一流店では現金を見せないのがマナーというのも、勉強するうちにわかってきます。心付けはぽち袋に入れて、お正月などのタイミングや、なにか粗相をしたときのお詫《わ》びとして使います。

どれも当たり前のことなので、改めて確認しておきたいものです。

最後に一つ付け加えると、長居をしないこと。「居酒屋であろうと、レストランであろうと、二時間以上いるのは店の迷惑になるからやめなさい」と、若いころすてきな大人に教わりました。自分を整えて店を訪れ、リズム良くいただいて、気持ち良く支払い、さっと帰る。こんなさらっとした客になりたいものです。

## 大喜びで税金を払う

人生のピークを長く保とうと考えるのであれば、少なくとも七十代までは、若い人に甘えて頼るのではなく、ずっとなにかを与える側でいたいと思っています。

なにかを教えたり、ごちそうしたり、仕事を通して技術を伝えたりするのもいいでしょう。また、**「税金を払う」というのも、若い人たちを支える「与える」行為です。**

僕が尊敬しているすてきな方々は、不思議と「税金を払うことが嬉しくてしょうがない」と口を揃えます。年齢的には「年金がもっとほしい」と言う側かもしれませんが、実際にはもらった年金以上を社会に還元しているようです。みんな第一線で事業をやっていますが、節税もいっさい考えていません。

僕は若いころから組織に属さず自分一人で仕事をしていたので、「節税して、できるだけ税金を払わないようにするにはどうすればいいか」といつも頭をひねっていました。ところが彼らは、「どうやったら税金をたくさん払えるかプロに考えてもらいたいから、優秀な税理士を雇っているんだ」という具合です。

脱税など論外。節税も絶対に考えない。これは与える側にまわったら知っておきたいお金の作法で、今では僕もそうしたいと思っています。本当の成功は、「社会のためになる」と、大喜びで税金を払うような人のところにやってきます。

**税金を払うとは、社会と関係を持つということです。たくさん払うということは、社会にとって自分が「存分に与える側」にまわるということです。**

「こんなに働いたのに、こんなに税金にもっていかれるのか」という感覚は誰もが持つと思いますが、税金は社会の制度であり、社会の一員である以上、それを守るのは当たり前の話です。

「ちゃんと税金を払っても、ちゃんとした使い方がされていない」という声もありますが、自分が社会に対して税金を払うということと、その税金がどう使われるかということは別問題。きちんと分けて考えるべきだと尊敬する方々に教わりました。

これは、「たくさん税金を払うほうが偉い」という話ではありません。税金をきちんと払うとは、社会に対して喜んで自分の役割を果たすことだと考えるといいでしょう。

# なにがあっても「弱者」にならない

これからの人生を楽しみたいなら、どんなかたちでもチャレンジを続けていきましょう。失敗してもいいから、恐れずに挑戦しましょう。

僕は、どんなことがあろうと弱者にはなるまいと決めています。弱者の立場におさまると、なに一つできなくなります。弱者については、これまでの本でも折にふれて書いてきました。自分の弱さを振りかざし、すべてを人のせい、社会のせいにするのが弱者です。年齢を重ねると、しっかりしていたはずの人でさえずるずると弱者の側に流れてしまうので、より注意したいと思っています。

政治や社会のシステムを恨んで、「もう、どうやったって認められない」「人生は良くならない」とあきらめるのではなく、何歳になってもチャレンジを続ける。成功する確率が低くなっても、ひるまずにテーブルにつく。

**弱者は試合すら放棄している悲しい存在ですが、敗者はとてもすてきだと僕は**

**思っています。負けたとは、チャレンジをし、勝負をした証《あかし》なのですから。**

今の段階では負けているけど、もしかしたら次の試合では勝つかもしれない。それこそ敗者です。勝者になる可能性があるのが、敗者なのです。永遠に試合に出ない弱者には未来がありませんが、敗者には無限の可能性があります。

何回負けても、毎回スタートラインに立つ勇気を持ち続けましょう。全勝で人生を終える人など、一人もいません。みんな負けを経験し、勝ちを経験し、七転び八起きの言葉のごとく、勝者と敗者の役を交互に演じて生きています。

勝者と敗者には実はそんなに違いはなくて、スタートラインに立っている時点で同じではないか。僕はそんなふうにも考えています。

年齢を重ねて「先が見えた」と思ったら、たちまち弱者になります。そんなわけしり顔の大人になるのは、断固としてやめようではありませんか。

先は見えなくていい。不安でもいい。

ずっとチャレンジし続ける人生を過ごしましょう。

## 遊びも投資だと考える

四十代からは、体力や能力が落ちてくる面も否めません。ペースダウンを考えていく必要も出てきます。

三十代までは、たくさんの時間でたくさんのことを、ハイペースでやるイメージ。四十代からは限りある時間に本当に大切なことだけを、マイペースでやるイメージです。だからこそ、「本当に大切なこと」がなにかを見極めることが要となります。

**お金、時間、自分のエネルギーを使う価値がある「本当に大切なこと」か否かを知るには、生産的かどうかを考えるといいでしょう。**

その人と会うと、その勉強をすると、その仕事をするとなにか生まれるものがある。そうしたことだけを選《よ》りすぐるようにしたいと思います。

生まれるものとは、必ずしもお金だけではありません。人からの信頼、信用、自分の思いかもしれません。どんなかたちにしろ、ちゃんとプラスにカウントされていくことをするように考えてみましょう。二倍、三倍になることなど望む必要はなく、マイナスにならないよう注意するだけでずいぶん違います。

たとえば食事会でも、はしゃぎすぎて寝る時間が遅くなったり、食べ過ぎでおなかをこわしたり、飲み過ぎで次の日に具合が悪くなったりしたらマイナスになる行為です。しかし、ほどよくおいしくいただき、決めた時間内に楽しい話をし、翌日から元気になるならプラスのカウントを意識しましょう。

プラスのカウントがたまるような行為はいろいろありますが、それが自分の課題につながることなら確実です。「今、自分にはなにが必要なのか、なにが足りていないのか」を考え、そのためにした行動は、すべてプラスとなるものです。たとえば、「マナーを学ばなきゃいけない」という課題を持って一流店に行けばプラスがたまりますし、「時間の使い方を学ばなきゃいけない」という課題を持って計画表をつくって実行しても、プラスがたまります。

四十代になれば遊びも投資です。なんらかのかたちで自分磨きになる、プラスがたまるような遊び方をしましょう。

僕が今いちばん楽しんでいるのは、ポルシェのクラシックカー。知人から譲っていただいた車ですが、自分なりに勉強していろいろ部品を直し、手をかけることが楽しみであり、学びです。

車のことはこれまでの自分が全然知らないジャンルだったので、この遊びを通じて、新しい友だちもできました。普通に仕事をしたり生活したりしていると、なかなか会わないような人と話ができて、世界が広がりました。

もう一つ、長年遊び続けているのはクラシックカメラです。写真を撮ることは僕にとっては純然たる遊びにいちばん近いもので、昔ながらのカメラと古いレンズで写真を撮ると、創造性が刺激されます。

写真を撮るために旅行に行くこともありますが、旅という遊びほど、わかりやすい自己投資はないでしょう。旅は行かなくても困らないものですが、行けば必ず得るものがあります。見知らぬ文化に触れたり、じかに経験して情報を得たり、おいしいものを食べたり。一流のホテルや旅館からはさまざまなことを教えてもらえます。

仕事の面では、四十歳になったら自分の専門分野を見つけて追求するといいと考えています。自分がいちばん楽しくて、いちばん得意なことを見つけて、その一点を追求していくということです。遊びについてはここまで厳密にやる必要はありませんが、やはり自分を豊かにしてくれるものを選ぶほうがいいと思っています。

四十代になったらきっぱりとやめたほうがいい遊びはギャンブルです。三十代まででであれば、刺激がほしい、気分転換がしたい、経験してみたいということでギャンブルを試すのは悪くありませんが、長く続けていていいことは一つもありません。ギャンブルへの嗜癖《しへき》は厳密に言うと遊びというより病気の一種なので、依存してしまうこともあります。なかなか治らないものだからこそ、深入りしないことが大事です。

ギャンブルも宝くじも、お金儲けの方法としてはいちばん確率が低いものです。競馬、競輪、宝くじ、パチンコ、スロットはすべてシステムを提供する側が儲かるようにできており、いくらやっても完全な浪費にしかなりません。

いっときだけギャンブルや宝くじで大金を手にする人はいても、幸せになった人は、世界中を探しても、一人もいないはずです。

なにかに賭けて遊ぶなら、自分に賭ける。そのほうが断然、勝率が高いはずだと僕は思っています。

## この章のまとめのエクササイズ

A：

ノートでも、白い紙でもかまいません。

真ん中に線を引いて、右側に自分のいいところ、左側に自分の悪いところを書き出していきましょう。

右側は、遠慮せず、大いに自分を尊重していいところを書きます。

左側は、できれば見たくない、恥ずかしいところがあっても勇気を持って書きます。

きっちり同じ数でなくてもかまいません。

そのときどきでバランスは変わります。

右側のいいところは、どんどん伸ばしていきましょう。

左側の悪いところは、反省のために使いますが、自分を責めるのはタブー。
きちんと反省したら、自分の弱さをゆるしてあげること。
そして、いつも「ゆるせない」と思っている誰かの欠点も、ゆるしてあげる。

B：
自分で自分が嫌いになるようなときは誰にでもあります。
自信がない、自己嫌悪だ、自分がゆるせない。
そんなときは、すぐにできて、自分が得意で好きなことをしましょう。
僕の場合は、とびきりおいしい卵焼きをこしらえること。
こうして自分をなぐさめ、だめな自分をゆるしてあげるのです。

# 第四章　ひとりでいること　みんなとすること

# 本質を見極める

ある日、魔法使いがやってきて、こう言ったとします。

「今からあなたの一生は、たった一人に捧げなければいけません。個人の楽しみや生き方は一切なしで、召使いのごとく、ひたすらその人のために生きるのです」

そんなばかな話が、と反論しますが、これは厳然として決められた宿命で、動かせないのだと魔法使いは首を振ります。

「一生を捧げる相手は、愛する異性でも、王者のように尊敬できる同性でも、かまいません。あなたは今からすべての人間関係から解き放たれますから、相手が今のパートナーである必要もないし、会ったことすらない理想の人を選んでもいいのです。あなたはこれから一切の自由を失いますが、最後に相手を選ぶという自由があります。さあ、誰を選びますか？」

さて、どう答えたものでしょう。

一生を捧げるに値する歴史上の偉大な英雄を選び、忠実な家臣として生きてみたいという人もいるでしょう。外国の俳優のようにすてきな人のしもべになるのが、ロマンティックだという人もいるでしょう。

しかし問題は、「一生」「自分のすべて」という点です。

対等につきあえるわけではありません。**自分の楽しみもなく、全部をその人に捧げるのです。**それが永遠に続くとしたら、恋人選びとはわけが違います。

「自分だったら、どんな人を選ぶか？」

こう考えたとき、僕だったら外見で選ぶことはないと思います。たとえば、一生を捧げる相手として美しいだけで中身がからっぽの人を選んだら、むなしくなるのではないでしょうか。僕に限らず、ほとんどの人が、本質的には外見で人を選ばないと感じます。

さまざまな場面で、第一印象や見た目だけで判断されることがあるのは事実です。しかし、それが自分の一生を左右するほど重大なジャッジかと言えば、ありえない話です。

僕もときどき、街を歩いていると、びっくりするほどきれいな人を見かけます。

「モデルさんみたいだな、スタイルがいいな」

そう思いますが、ただそれだけです。

見た目というのはみんな違っているわけで、きれいであってもそうじゃなくても、どうということはないと思っています。

**「見た目についての責任を、自分が負う必要はない」**

そもそも、これが僕の持論です。

自分の性格、自分の発する言葉、自分の行動、自分の生き方。これらはすべて大人として引き受けるべき責任ですが、外見となると話は別です。見た目がどうであろうと、それは自分がつくったものではありません。そんなものに自分が責任をとる必要もないし、ことさら誇ることもおかしな話だと思うのです。

自分が思うほど、人はあなたを気にしていないとよく言いますが、それも然《しか》り。太ったやせたというあなたの微妙な変化を、世界でいちばん気にしているのは、あなたです。

外見にこだわり、「見た目が悪いから、幸せになれない」「もっと○○だったら、いいことがたくさんあったのに」と思い悩む人は、外見ではなく、内面に問題を抱えている場合が多いようです。

その多くは、過去の問題。たとえば、子どものころ、親に可愛くないと言われた、友だちに見た目についてからかわれた、そんな過去の小さな傷を、ずっと引きずっているのです。しかしそれは外見の問題ではなく、親や友だちの勝手な判断や、悪気のないからかいに過ぎないということもめずらしくありません。

問題の根っこが内面に抱えた過去の傷にあるのですから、いくら外見を磨き立てたところで解決しません。

時間をかけてお化粧をし、ダイエットをしてほっそりしても、「外見に関する不安と寂しさ」はなくなりません。整形手術をして目をぱっちりさせても、鼻を高くしても、心に抱えたコンプレックスはなくならず、逆に「もっと、もっと」と歯止めの利かない状態に陥る人も多いと聞きます。

極端に外見にこだわる人のほとんどは、お化粧しすぎないほうが可愛い人、ダイエットをしなくても今のままがバランスのいい人、なぜ整形手術をするのか不思議なくらいきれいな人だというのに、実にむなしい話です。

僕が考える手当ては三つ。

問題は自分の見た目ではなく、過去にあると知ること。

過去を見直し、自分に良くないふるまいがあったなら、反省すること。

過去は過去として割り切り、引きずられないこと。

この三つの手当てをしましょう。

**過去は捨てて、新しい自分として生きていく気持ちの切り替えは、顔を取り替えなくても、見違えるような体にならなくても、できるはずだと思っています。**

外見で唯一責任をとらなければならないのは、身だしなみ。清潔さと社会的なマナーにそった服装は、大人のたしなみです。

あなたが責任をとらなければならない
唯一の外見、身だしなみは
整えられていますか？

## 嫌いな自分も受け入れる

「こんな自分でいいのだろうか？」

神経質。恥ずかしがりや。臆病。小心者。

外見より「内面に対する不安と寂しさ」を抱えている人のほうが多いのかもしれません。僕もそんな人間のひとりです。

「人間的にだめなんじゃないか」

「今のままじゃどうしようもない」

僕自身、かなり神経質なうえに、恥ずかしがりやで臆病者。こうしたことへの不安や寂しさを感じすぎるきらいがあって、今でもときどき疲れてしまいます。自分で自分をもてあましてしまうことも、ずいぶんありました。

「内面に対する不安と寂しさ」を、なんとか飼いならせるようになってきたのは、わりと最近のことです。

## 最初に試してみてうまくいったのは、自分にイライラせず、腹を立てないこと。

以前の僕は、細かいことが気になったり、ちょっとしたことをいつまでも気に病んだりしている自分に気づくたびに自分に腹を立て、いっそうイライラしていました。

「どうして、自分はそんなに神経質なんだ。もっと大らかな心になれよ」

こんなふうに、自分を叱りつけてすらいたのです。すると、神経質で臆病者の僕は余計におびえてしまい、もっと神経質で臆病になるという悪循環になりました。

そこであるとき、僕のなかの臆病者を、愛してあげることにしたのです。

「いいよ、君はそのままで。たしかに神経質で恥ずかしがりやで臆病者だけど、異常ってわけじゃないし、絶対なおさなきゃいけない欠点というわけでもない」

人間関係でも、相手に腹を立てず受け入れ、ゆるし、愛してあげると、とたんに楽になることがたくさんあります。

**腹を立てなくなるにはきっかけがいります。そこで次に僕が試してみたのが、自分の内面の「いい面」を探すことでした。**

たとえば神経質というのは、プラスの目で見ればよく気がつくということです。敏感で感受性が強いと言い換えることもできます。鼻が利きすぎる人、視力がものすごくいい人と、同じようなものだと考えられます。

仕事でも、個人的な生活でも、敏感であれば想像力や察知力が高まりますし、そこから人への思いやりも生まれます。心が敏感すぎるというのは困った面もありますが、非常にいいことでもある。この発見によって、僕はずいぶん救われました。

それでも、過剰に敏感では、まわりも自分も疲れることは事実です。

たとえば、犬の嗅覚《きゅうかく》は人間の一億倍あるとも言われています。それは長所ですが、もし僕が犬なみの嗅覚だったら、満員電車に乗るときは大変でしょう。たばこの匂いがする人。さまざまな女性の何種類もの香水。男性の整髪料の匂い。朝、食べたものの匂い。汗の匂い。カバンの匂い。電車にこもった匂い。想像するだけで、鼻がむずむずしてきます。

これと同じで、敏感すぎる自分がむき出しだと、いろいろなものをキャッチしすぎて、受容器が壊れてしまう感じがするのだと思います。

困った僕が試してみたのは、こんなイメージトレーニングです。ちょっと紹介しておきます。

あなたの頭は、たくさんの部品でできています。

一つひとつが精密機器で、ネジやぜんまいが複雑に入り組み、スイスの古い時計の中身みたいに、律儀に休みなく、コツコツと動いています。

ピンセットで何千ものパーツを組み立てたようなものですから、人のちょっとした言葉や、みんなが見逃してしまうような小さなことにも、素早く反応する、とても感度が高い機械です。仕事や、大切な人に心を配るとき、あなたの精密機器は大活躍します。危険なサインを察知し、素早く警報を鳴らしてくれます。

ところがこの機械は、使い続けているうちに、だんだん熱を持って熱くなってきます。デリケートな機械ですから、壊れないように、ときどき休ませなければなりません。

まずは、いちばん大きなネジを一つ、親指の腹と人差し指でつまみ、ゆるめてみましょう。最初は固いと思いますが、ゆっくりまわしているうちに、するするとほどけていきます。これで精密機器の一部が休憩に入りました。

深呼吸をしましょう。ついでに体もゆるめましょう。いつもより、人の目が気にならなくなります。みんなと曇りガラスごしに対峙《たいじ》しているくらいの距離感です。顔は見えますが、かすかに微笑《ほほえ》んでいるとしかわかりません。あちらからも同じようで、目を凝らしてこちらを見ている人など、誰もいません。これで、ちょっと楽になりました。

次に、二番目に大きなネジに細いドライバーをあてがって、そうっとゆるめてみましょう。するするとほどけていきます。これで精密機器の別の一部も、休憩に入りました。

いつもより、耳に入る人の声が遠くなります。水に潜《もぐ》っているときくらいの、ぼやけた音に変わります。聞こえるけれど、笑い声だけ。あなたの声も伝わりますが、リラックスしていてとくに言いたいこともないので、気まぐれに「おーい」と声を出してみるくらいです。これで、ちょっと楽になりました。

ときどき一人でこんなイメージトレーニングをし、人に会うときはもっと簡略化して「頭のネジを一、二本外す」とおまじないを唱える。たまにぼんやりして、言葉は悪いですが「ちょっとばか」になるということです。僕にはずいぶん、効きました。

「内面に対する不安と寂しさ」を抱えた人は、自分の内面に対して敏感すぎる人だと言えますので、このイメージトレーニングは役に立つと思います。試してみるといいでしょう。

頭のネジを外すイメージを
してみましょう。

## 人に与え、人とつながる人生を

僕はしばしばこう思います。一生は長いようで短くて、いろいろなことができそうでできない。そんなふうに感じるのです。

だからといって、投げやりになるかといえば話は逆です。わずかなことしかできないのであれば、一つかふたつでも人の役に立つことがしたい。人が求めてくれるのであれば、それに応えることに人生を捧げたい。なりたいものになろうとし、自分を喜ばせることで一生を終えるのは寂しいし、楽しくない生き方だと思います。

なぜなら、自分一人の夢や自分自身の欲求など案外ちっぽけで、あっというまに満たされてしまいます。「目標が達成できた！」という嬉しさより、「なんだ、できたな」と気がすんで、あっけなく終わる気がします。

**一方、人のために自分を役立てることや、社会を豊かにしようという試みに**

**は、終わりがありません。なかなか完遂できないからこそ、やりがいがあります。**

三十代までは自分のためでいいでしょうが、四十歳になったら、そろそろ人のための人生に切り換えるべきではないでしょうか。

四十歳までは人にしてもらってきたことが多いはずです。会社、家族、友だちやパートナーにしてもらうこともたくさんあったはずです。まだまだ未熟だから学ぶことのほうが多くて、自分でできることが少なかったためでしょう。

しかし永遠に未熟なままではいられません。これを機会に、いただく側から与える側へと意識を切り換えましょう。自分の身の回りの人、出会う人、もちろん社会に対しても、与えながら生きていくことを目的にしましょう。

「○○してください」という「want」ばかりの人生に、実りはありません。世の中や社会に対して求めるばかりの人生は、とても不毛だと僕は思います。

与えるモチベーションは感謝の気持ちです。自分がいかに多くを与えられてきたかに気づいたら自然にわきあがった感謝の気持ちを行動に変換しましょう。
さあ、「いただく」から「与える」に、舵《かじ》を切りましょう。

# 社会とのつながりに努める

年齢を重ねるごとに、より社会との関係性を深め、社会に与えることを増やしていきたいと願っています。

日本には、政治や社会に不満を持ち「もっと社会保障を充実させてほしい」「年金が足りない」という人がたくさんいます。「もっと裕福な暮らしがしたい」と子どもに頼る人もいます。

しかし、今の自分は社会によって育てられ、助けられてつくられた社会の一員です。「面倒をみてほしい」と思うより、「次は自分がお返しをしたい」と思えたほうが幸せです。求める権利はあるのかもしれませんが、自分の意識が求める側に向いたら、不幸せになるのではないかと僕は感じます。

外国人の友だちと話していると、しばしば「Public Relations」という言葉が出てきます。Public Relations とは「ＰＲ」と略され、日本では広報活動という意味だけで使われていますが、本来はもっといろいろな意味合いがある言葉です。僕の友人が「Public Relationsを持っているか?」と問うのは、「社会とどんな関係を持っているか、社会に対してなにをしているか?」ということ。彼らは、ボランティア、寄附、自分の考えを世の中に知らせる活動をなにかやっているかをしばしば話題にします。

**これからは「社会貢献」という意味でのPublic Relationsを築くトレーニングを始めて、社会との関係性を深めていきましょう。**

会社を大きくする、業績をあげる、個人でなにか発信するというのもトレーニングの一つではありますが、ただがむしゃらにやって我欲に走るとだめになります。目的はあくまで社会貢献だという一点を忘れずにいたいものです。

「もう年だから」といって社会とかかわることをあきらめる。これだけは決してしないように、僕は今から気をつけています。社会とかかわらなければ、二十歳であってもたちどころに老人になってしまうでしょう。逆に、いくつになっても積極的に社会とかかわっている人は、たとえ百歳でも人生の現役として輝いていると感じます。

もちろん、加齢で体の自由が利かなくなるときはいつかやってきますが、せめて七十代までは、与える側として社会貢献の意識を保つ。これは僕の目標でもあります。

## “Think Global, Act Local.”を基本とする

僕は“Think Global, Act Local.”という言葉がとても好きです。まず、世界的な視野に立って考え、そのうえで自分ができる身近なことをするべきだと思うのです。

**たとえば一杯のコーヒーをおいしく淹《い》れることを追求するのはいいことですが、それだけで終わるのはつまらない。**「このおいしいコーヒーを、世界にどう役立てられるだろう」と考えたほうがすてきだし、頭のなかに大きな景色がふっと広がるのではないかと思っています。

“Think global”に関してもう一つ言うと、自分はグローバルレベルで、どのくらいの実力なのかも知っておくといいでしょう。

「自分の会社のなかでトップから何番目」というのは、実はあまり役に立たないローカルな考えです。「国際レベルとして、自分の能力、信頼、教養はどのくら

いか」というものさしを持ちましょう。
これからの時代は、外国との関係がもっと身近なものになります。外国人と一緒に働くこともあるでしょうし、近隣のコミュニティに外国人が加わることも珍しくなくなります。もしかすると四十歳から七十歳のあいだ、ずっと日本で暮らしているとは限らないのです。僕自身、「絶対に日本でないと暮らしていけない」という感覚はありません。

どの国に住むにしろ、グローバルな時代に人生の後半を過ごすなら、日々の暮らしにおいて“Act local”がますます大切になってきます。

まずは“Act local”で、これまでおろそかにしてきた隣近所に自分から積極的に働きかけること。外へ外へと向けていた関心を、身近なコミュニティに向けることが必要だということです。

年をとるにつれ、家に籠《こも》り、社会とのつながりを断ってしまう人がいます。こうした人は、リタイアによって仕事というコミュニティから離れ、「居場所がない、友だちがいない」となったときに、近隣というコミュニティを見過ごして、いきなり家に閉じこもってしまうのかもしれません。

こんな状態になってしまったら、せっかくのグローバルな時代にぽつんと孤島で過ごすようなものです。家のなかでパソコンや新聞を使い、世界のあらゆる情報を集めたところで、グローバルな生き方はできません。

**人生を楽しみ、社会に与え続けながら生涯をまっとうしたいなら、まず“Act local”で近所の人と仲良くする。そのときはじめて“Think global”ができるようになります。**マンションだろうと一軒家だろうと、近隣のコミュニティとは、なにかあったときに助け合う大切な人たちです。“Act local”の働きかけをするなら、気持ちの良い挨拶や、ゴミ出しの手伝い、ちょっとした掃除というささやかな積み重ねがいいでしょう。

ロサンゼルスには、「犬の糞《ふん》をちゃんと取って帰りましょう」という標識がたくさんあります。それだけ始末をしない人が多いということです。あるとき、この問題をなんとかしようと思い、別の標識をつくりました。

“Be a good neighbor.”

「良き隣人になりましょう」という呼びかけをしたとたん、犬の飼い主たちはみな、きちんと拾うようになったそうです。

「隣近所に迷惑をかけないようにしましょう」と言われると、「自分は迷惑なんかかけていない」と思うかもしれません。非難されているようで、つい防御したくなるのでしょう。しかし「良き隣人になろう」と言われると、目的ができます。もっといい隣人になるにはどうしたらいいのかと、素直かつ前向きに考えることができます。

僕はキリスト教徒ではないので、“Be a good neighbor.”の宗教的なニュアンスには少し抵抗がありますが、近隣のコミュニティと良い関係を築くには、参考になる考え方だと思います。

## 「家族の在り方」を子どもに伝える

四十代だと家庭があり、子どもがいる人も多いことでしょう。

「子どもになにを与えるか、教えるか」

改めて考えると、人それぞれ、いろいろあると思います。

**僕の場合、「毎日、一緒に夕食をとること」がいちばんの子どもに与える行為であり、自分にできる教えです。**説教をしたり、なにかを教えたり、一緒に宿題をしたりはできないので、今できる唯一のことといってもいいでしょう。

家族揃って食事をし、顔を合わせ、話をしたり聞いたりすることを大切にしています。もちろん、外国に行ったときや会食でままならないこともありますが、ごく稀な例外です。

朝食は慌ただしく、昼食は当然難しいので、一日の締めくくりでもある夕食を家族の時間としています。これは簡単そうでいて、なかなかできないことです。

まわりの人に聞いてみると、たいてい「子どもと一緒に夕飯を食べるなんて無理だ」という答えが返ってきます。家に帰ってくるのが九時、十時という人が多いようです。

「普段の夕ごはんは別で、日曜日だけは一緒」というのが、日本では平均的なのかもしれません。

それでも僕は一緒に夕食をとります。意地になるくらい無理をしなければならない時期もありましたが、今では「自分のルーティン」となっています。生活の中心に「夜七時は夕食の時間」と据えてスケジューリングすれば、だんだんに慣れていきます。

家族は一緒に夕ごはんを食べる。

これは僕の父が教えてくれた「家族の在り方」です。子どものころから、夕食時に家族が揃っていないと違和感を抱くほど、それはわが家の「普通」でした。夕飯どきは嬉しい時間だったことを憶えています。

当時はわかりませんでしたが、今になると父がずいぶん努力して時間をつくってくれていたことがわかります。僕の父は、みんなに自慢できるような特別な人物ではありませんが、「晩ごはんのひとときを一緒に過ごすことだけは、すごく守ってくれていたな」と感動します。だから自分も受け継いでいるのでしょう。父がくれたのと同じ感動を、自分の子どもにも伝えたい。今は意味がわからなくても、いずれ娘が家庭を持ったとき、わかってくれればいいと思っています。「どうして自分の父親は、あんなに夕食にこだわっていたのか？」いつか振り返って、そのとき、気がついてくれればいいと感じます。

父である僕がいくら頑張っても、この状況はいずれ変わります。もうすでに、僕と妻は七時きっかりに食卓についていても、「娘は八時まで塾が終わらない」という日が出てきています。やがてクラブやら、友だちとのつきあいやらで、「今日は夕ごはんはいらない。友だちと食べる」などと、娘が言い出す日がやってくるでしょう。子どもというのはそうして独立していくものですし、自分自身もそうだったから、これはかまわないと思っています。

しかし、いつか妻と二人きりになっても、家族で毎日同じ時間に一緒に夕食をとるという習慣を変えるつもりはありません。

そもそも、僕のこの習慣が始まったのは、娘が生まれたときではなく結婚したときからです。家を守ってくれる大切な相手への思いやりとして、自分にできることを考えた末のことでした。これも与える行為の一つだと思います。

たった三人分の食事ですが、妻はたいてい三時ごろから台所に立ち始めています。細かいところまではわかりませんが、おそらく手を抜かず、基本をきっちりやっているのだと思います。

心をこめてつくってくれる食事を、共に心からおいしくいただいて、一日を終える。それは生涯にわたって守りたい「家族の在り方」です。

# 悩む自分、苦しむ自分を愛しましょう

運命と思う必要もないし、簡単に忘れる必要もないと思うのです。

第一、そう簡単に忘れられっこないと思います。いきものとしての本能に組込まれていることだから、「子孫を残せない不安と寂しさ」を感じることは、男性にも女性にもあるでしょう。

とくに女性は、男にはわからないほど悩むものだと聞きますし、とてもデリケートな問題です。

悪気はなくても思いやりのない言葉に傷つく人もいますし、みんなが知らないだけで医師の治療を受けている人もいます。身近な人が子どもに恵まれたとき、素直に喜べない自分に罪悪感を覚える人もいるようです。

僕がなにを言ったところで、非常に楽観的な言い方をすると思われるでしょう。もちろん、たいしたことじゃないと断じるつもりはないし、「あなたの気持ちはわかりますよ」なんて、訳知り顔をするつもりもないのです。

あまりにもデリケートなことだから、子どもがいて、男性である僕は、触れないほうがいい問題なのかもしれません。

それでも、この本を通して言いたいと思います。子孫を残すことだけが、人生の目的ではないと。


今は、多くの人がなんらかの理由で子どもを持たない、あるいは持てないといいます。それでは、その人たちは人生の目的を果たせず、ついえていくということでしょうか?

そんなことはありえない、と感じます。逆に考えてみればすぐわかります。子どもを持ったら、それで人生の目的を果たしたことになるのでしょうか? これまた、ありえない話です。

**子ども以外にも、自分にしか生み出せないことは、人生のなかで一つや二つはあるはずです。子どもとは関係なく、人や社会のためになる自分だけの足跡は残**

**せるはずです。**

人生の目的がなにかというのは、人それぞれ違います。**いかなる目的であろうと、果たすためには、共通した条件があります。それは、自分自身を愛すること。**僕は、これだけは守ろうと決めています。

世界中の人に嫌われるかもしれません。「とんでもないやつだ」とののしられ、「生きている価値などない」と非難されるかもしれません。たとえ、そんなことになっても僕は、自分だけは自分を愛し続けると決めています。なにができてもできなくても、なにが欠けていてもいなくても、自分だけは自分を嫌わず、自分を大切にし、死ぬまで自分を愛し続けると誓っています。

幸せがなにかというのも、人それぞれ違います。

それでも、幸せになるための共通した条件は、自分らしく生きることです。自分らしく生きれば、自分の役目を果たせたことになるのではないでしょうか。

だから子孫を残せなかろうと、別のなにかがあろうと、自分を責めてほしくないと考えているのです。

いちばん愛すべき自分という相手を、なにかが欠落しているように扱ったり、子どもなしでは人生は完結しないという不安や寂しさに取り憑かれたりして、自分をいじめるのはよそう、と言いたいのです。


「子孫を残せない不安と寂しさ」を感じているなら、自分を立ち直らせるまで、何年もかかる人もいるでしょう。大きな課題ですから、それで当然という気がします。

運命だとあきらめたり、「運命を変えてやる」と逆らったりしなくてもいい。

気にしないふりをしたり、「気持ちを切り替えなきゃ！」と忘れなくてもいい。

時間をかけて悩み、ゆっくりと考え、とことん学ぶしかないと感じます。

「自分らしく生き、自分の役目を果たすには、どうすればいいのだろう？」

「自分にしかできないこと、自分にしか生み出せないことはなんだろう？」

「この試練は、いったいなにを自分に教えるために与えられたものだろう？」

もしかしたら、全部の答えは見つからないかもしれません。「それでもいい」と僕は感じます。なぜなら、それこそ自分が生きている証拠だから。生きるとは答え探しではなく、自分と向き合って、考えながら毎日を積み重ねていくことだから。

もしかしたら、答えなどどこにもないのかもしれません。「それでもいい」と思うことも、僕にはあります。なぜなら、答えが見つからない自分がだめな人間だなんてはずがないから。

生きることについて、クイズ番組みたいに矢継ぎ早に正解を出すなんて、むしろおかしいことです。答えが出ても、それが正解かどうかは誰にもわかりません。

悩む自分、苦しむ自分は、人間として正しい。そうやって、自分だけは自分を愛してはどうでしょうか。

大きな悩みは
簡単に放り出さず、
自分を育てる栄養になると
思いましょう。

# 今日をていねいに生きましょう

三十五歳を過ぎたころから、ずっと思い続けてきた小さな夢が一つひとつ叶うようになりました。

「やっと叶った！」という感覚ではありません。

「気がついたら、叶っていた」という静かな実感です。

「へえ、こんなかたちで叶ったんだ」という発見もあります。

こんなふうに言えるのは、それはそれは長い間、小さな夢をいくつも抱き続けてきたから。気負うことなく、毎日お風呂に入って眠るように、当たり前に夢を抱き続けてきたから。

夢のために死ぬほど努力をしたなんて思いません。実際、そんなことはしていないのです。軽やかに、でも一生懸命に、夢が叶うと信じて生きてきた。毎日毎日、無理することなく、夢を叶えるための小さな営みをコツコツと続けてきた。

僕に言えるのは、ただこれだけです。

夢は、誰かがクリスマスプレゼントみたいに叶えてくれるものではありません。突然、どこからか降ってきたりもしないのです。会社とか、親とか、世の中が、「さあどうぞ」とご褒美のごとくくれたりはしません。

景気によって左右されるわけでもない。出会いによって変わるものでもない。夢はどんな環境であっても、毎日を積み重ねて自分で叶えるものだと思っています。

「夢が叶わないかもしれない」

「自分は一生、思いどおりになることなく死んでいくのかもしれない」

「子どものころの憧れがなに一つかたちにならず、平凡に生きるだけなのか」

「夢が叶わない不安と寂しさ」を抱いている人は、たいてい先のことばかり考えています。「いつか」ばかり気にして、「今日」をおろそかにしているとも言えます。

**本当に夢を叶えたいなら、いちばんの近道は、今日一日を喜び、精一杯生きることです。先のことより今日の充実感、達成感を大切に味わうことです。**

たとえ辛いことがあっても、その現実から目を背けず、ていねいに生きる。過去にとらわれず、未来に心をさまよわせず、今日を生き抜くことが大切です。

今日一日を喜び、精一杯生きれば、明日は自然とついてきます。明日もまた精一杯生きれば、あさっても自然とついてきます。この無数の繰り返しが、自然に夢を叶えてくれます。

今日一日を喜び、精一杯生きれば、小さくても一歩前に進んだことになります。夢に向かって休まずに歩いていて、少しずつ前進しているのだから、明日への不安も未来への恐怖もなくなります。

生きている間はなにがあるかわからないから、突然、降ってわいたように夢が叶うこともあるでしょう。しかし、突然叶った夢というのは、突然消えてしまうというのが僕の考えです。急いで手に入れたものは、素早く去って行きます。一夜漬けで勉強したことはあっというまに忘れてしまう、これと同じかもしれません。

その点、長い時間をかけて、自分自身でじっくりと叶えてきた夢であれば、しっかりと自分のものになります。一年かけて勉強したことは、そう簡単に忘れないのと同じです。

**もう一つ、夢を叶えるうえで大切なのは、「夢は絶対に叶う」と信じる力です。**

どうせ無理だと思いながら、日々を精一杯生きることはできません。僕がいいなと思うのは、肩に力を入れることなく「夢は自分が思っている以上に叶うもの」と、軽やかに、しなやかに、信じる力です。

よく言われることですが、夢を叶えた人というのは、夢を忘れず、夢をあきらめなかった人でしょう。

「あなたの夢はなんですか?」と、僕はしばしば尋ねます。「わからない」「夢がない」「どんな夢を抱いていいのか思いつかない」と答える人がいて、僕はそのたび、びっくりします。

僕には一晩中話し続けてもまだ語り尽くせないほど、たくさんの夢がありま す。一つ二つ叶ったところで、まだまだ夢があるのです。

夢がないと言う人は、夢を抱く前に「どうせ」とあきらめてしまっている気が します。

「どうせこんな世の中だ。夢を抱いたところで、叶えさせてくれる人なんか、誰もいない」

このあきらめを、忘れてしまう方法はふたつ。

**「今日一日を喜び、精一杯生きれば、誰でも夢は自然に叶う」と知ること。**

**もう一つは、夢を紙に書くことです。**

夢を書いている人は案外少ないものですが、僕は必ず書くことにしています。大きなものも小さなものもありますから、書かないと忘れてしまうものもあります。

手帖でも紙でもかまわないから、とにかく書いて、毎日見ます。朝起きたら見て、昼間も見て、夜寝る前にも見る。見ているうちに、潜在意識に刷り込まれ、自然に夢につながる行動をするようになります。

「書くだけで無意識に働きかけるから、夢を書くのと書かないのとでは、全然違うよ」

折に触れて僕は言うのですが、なかなか実行する人がいないから、ずいぶんもったいない話だと思っています。

「こんな経験がしたい」

「こんなふうになりたい」

漠然としていてもささやかでもかまいません。さっそく、夢を書き出してみましょう。そして今日一日を喜び、精一杯、ていねいに生きましょう。この考えはすべての基本になります。

手帖に夢を書き出してみましょう。

## 「大人の豊かさ」を教えていただく

好奇心は、ことのほか重要。そう信じている僕は、すてきな人がいると遠慮なく訊ねることにしています。

たとえば目上の方と食事に出かけるとき、素晴らしいスーツを着ていると気づいたら、「どこでお買いになったのですか？」と聞いてみます。大人の豊かさは、インターネットで調べてもわかりません。教えていただくのがいちばんいいのです。

「このスーツは○○という仕立て屋のフルオーダーだよ。年に一度、イタリアから生地が入るから、そのときに選びに行くんだ」

こんな答えが返ってくれば、ますます夢がふくらみます。

「いつか服をオーダーすることを夢にしよう」と思ったり、「やっぱり、いいものは吊るしの既製服じゃないんだな」と学んだりもできるのです。

大人になるにつれ、価値観ががらりと変わるときがやってきます。

「自分の持ちものを一掃しなきゃいけないな」と感じ、今まで素晴らしいと思ってきたものが、ちょっと子どもっぽく思えてくるときが訪れるのです。

「ステップアップして、大人にふさわしいものを着よう」と自然に感じます。

それは、階段を一つあがるタイミングです。新しいステージですから戸惑ってしまいそうですが、指南役となってくれるのが豊かな大人たち、すてきな七十代の人たちです。

**教えていただくときに、遠慮は無用。大いに学ばせていただこうと決めています。**

僕は若いころから年上の方とのおつきあいが多く、「私の行きつけの店に一緒に行こう。洋服を買ってあげるよ」と言われることがよくありました。

「そんなの悪い」としか考えられなかった当時の僕は、「いいです、いいです。洋服ぐらい自分で買います。働いていますから」と生意気に断っていたのです。

あるとき、これはとても失礼な態度だと気がつきました。相手は、「良い服を着ることでもっと学んでほしいのに、残念だな」と内心思ったことでしょう。遠慮は相手の顔を潰すことにもなるので、ありがたくいただくに限ります。おごられ上手になるとは、相手の顔を立てることです。

今の僕は、「洋服を買ってあげようか」と言われたら、大喜びで甘えて買っていただきます。それこそ敬意の表明だと理解したからです。

僕がおつきあいしているなかには、心憎い粋《いき》なことをする人がいて、あるとき、誕生日にスーツのオーダー券を送ってくださいました。フルオーダーのスーツについて話したことを、憶えていてくれたのでしょう。

一流テーラーでのフルオーダーはあまりに豪勢なプレゼントなので、とても嬉しい反面、「どうしよう」と思いました。

しかし、おごられ上手になることが最良のマナーです。大人の豊かさを教えてくださる方には、存分に教えていただくのがいいでしょう。その方がずっとつきあっているテーラーで服を仕立てれば、それもまた勉強になる。そう心に決めて、お店に連れて行っていただきました。

生地を選び、細かに採寸し、「ボタンはどうするか、ポケットは、タックは」と細部まで入念に打ち合わせながら、自分の体にぴたりと合う一枚を仕立てるプロセスには、たくさんの学びがあります。仮縫いも一度ではすまず、仕上がるまで半年くらいかかるのですが、毎回、貴重なレッスンです。

お店に連れて行ってくれた贈り主は、採寸してもらう僕を見ながら、もうニッコニコでした。人に与えるのが大好きだから嬉しいし、僕が甘えることで自分の顔も立って二重に嬉しいのでしょう。彼に「今日はありがとう」と言われてしまい、「ありがとうはこっちです」と僕はびっくりしました。

こうした豊かなレッスンに感謝しつつ遠慮なく学ぶときは、いつもこう思います。

「これを一人占めにしたらバチが当たる」と。

学ばせていただいたぶんは、お返しをしなければなりません。

その方に自分がしてあげられることはなんだろう?

自分がいただいた豊かさを還元するために、社会や自分のまわりの人に対して、どんなことができるだろう?

その答えこそ、大人の豊かさを学ばせていただくときの「レッスン料」であり、きちんと払っていかねばならないものだと心に決めています。

## 偽物のプライドを捨てて世界とつながる

「得体の知れない不安と寂しさ」

いろいろなことに対する不安や寂しさについて書いてきましたが、「漠然とした不安」ほど、やっかいなものはありません。

意味もわからず、ただぼんやりと黒い雲のなかにいるような感覚。なにが不安なのか、寂しいのか、怖いのか、わからない状態。

そんなとき、僕は思い切って行動することにしています。考えてばかりいても、不安や寂しさはなくならないものです。だからある程度行動し、悩んだところで、「どうしたらいいんだろう?」と考える。それがどんなにささやかでも、思いついた対処法を試してみます。

「この方法で、不安も寂しさも消えていく」

そんな万能薬なんてありません。とりあえず、ちょっと良くなるくらいのものでしょう。それでも結果を気にせず、行動を起こせば、なにかが少し変わります。そのまま努力を続ければ、新しい発見があります。その発見によって、状況は少し良くなります。これを繰り返すことが、今日を一生懸命に生きることだと感じます。

**不安や寂しさは、消すことはできません。希望を持ち、努力をすればするほど、挫折や失望もやってきます。しかし、朝が来ない夜がないのと同じく、すべては循環しています。**何事も、「解決するのではなく、対処する」という姿勢を保てば、ひるまずに行動できるようになるでしょう。

もし、なにもしないでずっと考え続けていたら、重い心の病気になってしまう気がします。

「これから一生懸命生きていくには、どうすればいいでしょう?」

あるとき僕は、尊敬する女性に尋ねたことがあります。

その人は人気雑誌の編集長を歴任した名エディター。人のいいところを見つけ

て、ほめて、それを本人にきちんと目に見えるかたちで伝える名人でもありま
す。

僕がなにをしても、誰より最初に気がついて、言葉にしてほめてくれる人で
す。

ある雑誌で僕がコラム連載を始めたときも、「面白い原稿ですね。とても楽しみにしています」という感想を記した葉書を、担当編集者より先にくれました。

僕が「暮しの手帖」の編集長になって最初の号が出たときには、発売日の次の日に葉書が一枚、届きました。

「あなたの仕事は、素晴らしいです。これからも一生懸命頑張ってください。こんなに雑誌が面白くない時代なのに、なにか可能性をすごく感じます」

この名エディターと僕は、しょっちゅう食事に行ったり、個人的に仲良くしている間柄ではありません。雑誌の業界でも大先輩であり、僕は親しくできるほどの立場ではないのです。それでも、「自分の仕事に対して、世の中の人はどう感じているか？」と不安になったとき、真っ先に葉書をくれる人なのです。これは

僕に限った話ではなく、たくさんの人に同じような宝物を届けている方です。

感想やお礼の葉書を書こうというのは、ビジネス本によく書いてあります。主にマナーとして、若いころの人脈づくりとして有効とされています。

大ベテランであり、これ以上偉くなれないくらい認められた編集者であれば、人脈はこれからつくる必要がないくらい、豊かでしょう。それなのにその名エディターは、若い人に対しても知らないことは知らないと言えるし、「教えてください」と聞けるし、「面白いですね！」と素直に喜べる若々しさを持っています。

そんな人だからこそ、僕は不安と寂しさに立ち向かう方法、一生懸命に生きていくヒントをいただきたいと、聞いてみたのでした。


**「まず、我慢すること。それからプライドを捨てること」**


これが、僕の質問への名エディターの答えでした。

我慢とは、人を受け入れることです。編集者として三十年以上たくさんの人を見てきたその人は、相手の話を聞いて、受け入れることのプロと言えます。自分を抑えること、すなわち我慢の大切さをよく知っているのでしょう。我慢とはまた、逃げないことでもあります。編集長という矢面に立つ仕事は、非難や批判を真っ先に浴びる立場です。そのとき我慢できなければ、とても務まりません。

若い人がどう育ち、どんな人が伸びていくかを見てきた名エディターは、こんなことも教えてくれました。賢い人、センスがいい人、頑張り屋、勤勉な人は、努力と才能である程度のところまでのぼっていきます。しかし、その先まで伸びていけるかというと、そこでおしまい。努力と才能だけでは、無理なのだそうです。そこで成長を阻《はば》むのが、プライドなのだと言います。

プライドを捨てられない人、我慢できない人は、本当の成功を手にできない。だから、我慢とプライドを捨てることが大切だというお話でした。

これを聞いたとき、僕は、腑《ふ》に落ちない点がありました。我慢というのはわかるけれど、プライドは自分を支えるものとして、捨ててはならないものではないかと思ったのです。

だからしばらくじっくり考えてみたのですが、やがて気がつきました。プライドには、本物のプライドと偽物のプライドがあることに。

本物のプライドは自分を守ってくれるけれど、たくさんの人がプライドだと思い込んでいる偽物のプライドはその逆です。名エディターが言うとおり捨てるべきだし、「得体の知れない不安と寂しさ」を生み出している原因の一つでもあります。

偽物のプライドとは、「自分を守ろう、誰かに自慢しよう、相手を打ち負かそう」という鎧です。固い金属でできているように見えても、さわればたちまち崩れ落ちてしまうほど、はかないものです。

「僕はこうだ」と自分の能力を誇示したり、「私はこう思う」と自分の考え方を押し付けたり、いつも自分のなかの、人より優れている部分を取り出す。これは、自分の中身が弱々しいからにほかなりません。鎧をまとわずにいられない不安や寂しさが生み出した偽のプライド。なんと頼りないものでしょう。

**自分自身への納得があれば、強さを誇示する必要もないし、自分を守る必要も**

**ない、鎧などいらないのです。**

なるほど、これは捨てるべき偽物のプライドだと、僕は理解しました。

我慢を覚え、偽物のプライドを捨て、今日一日を、一生懸命生きていく。それでも「得体の知れない不安や寂しさ」と、きっぱり縁が切れるわけではありません。忘れたころにひょっこり顔を出し、僕たちを包み込むのは間違いありません。

そんなときは、紙に書いてみましょう。なにが不安で、寂しいのか。自分がどうしてこんなふうに、がんじがらめにされたように思うのか。人に話せればそれもいいと思いますが、『アンネの日記』に書いてあるように、「紙は人間よりも辛抱づよい」（深町眞理子訳、文春文庫）、いくらでも話を聞いてくれます。

誰かが不安と寂しさを癒す手を差し伸べてくれる、そんな期待を胸に抱き、膝《ひざ》を抱えてじっとしていても、なんの解決にもならないことも知っておきましょう。

イギリスの作家、ジョージ・エリオットはこんな言葉を残しています。

"It will never rain roses: when we want to have more roses we must plant more trees."

（バラは空から降ってきません。もっとバラの花が欲しいのなら、もっとバラの木を植えなさい）

「得体の知れない不安や寂しさ」を抱いているのは、あなた一人ではありません。

おそらく、この世界のほとんどの人が、あなたと同じ弱い心を持った存在で、それぞれの不安や寂しさを抱えています。自分の持っている不安と寂しさを認め、抱きしめ、愛することができれば、不安と寂しさを持っているほかの人を愛することができます。

これもまた、この世界の不安や寂しさをやわらげる、素晴らしい方法だと僕は感じます。さあ、元気を出して、今日を生きましょう。

あなたがしてほしいと思うことを、
ほかの誰かにしてあげましょう。
そう、バラの木を植えるように。

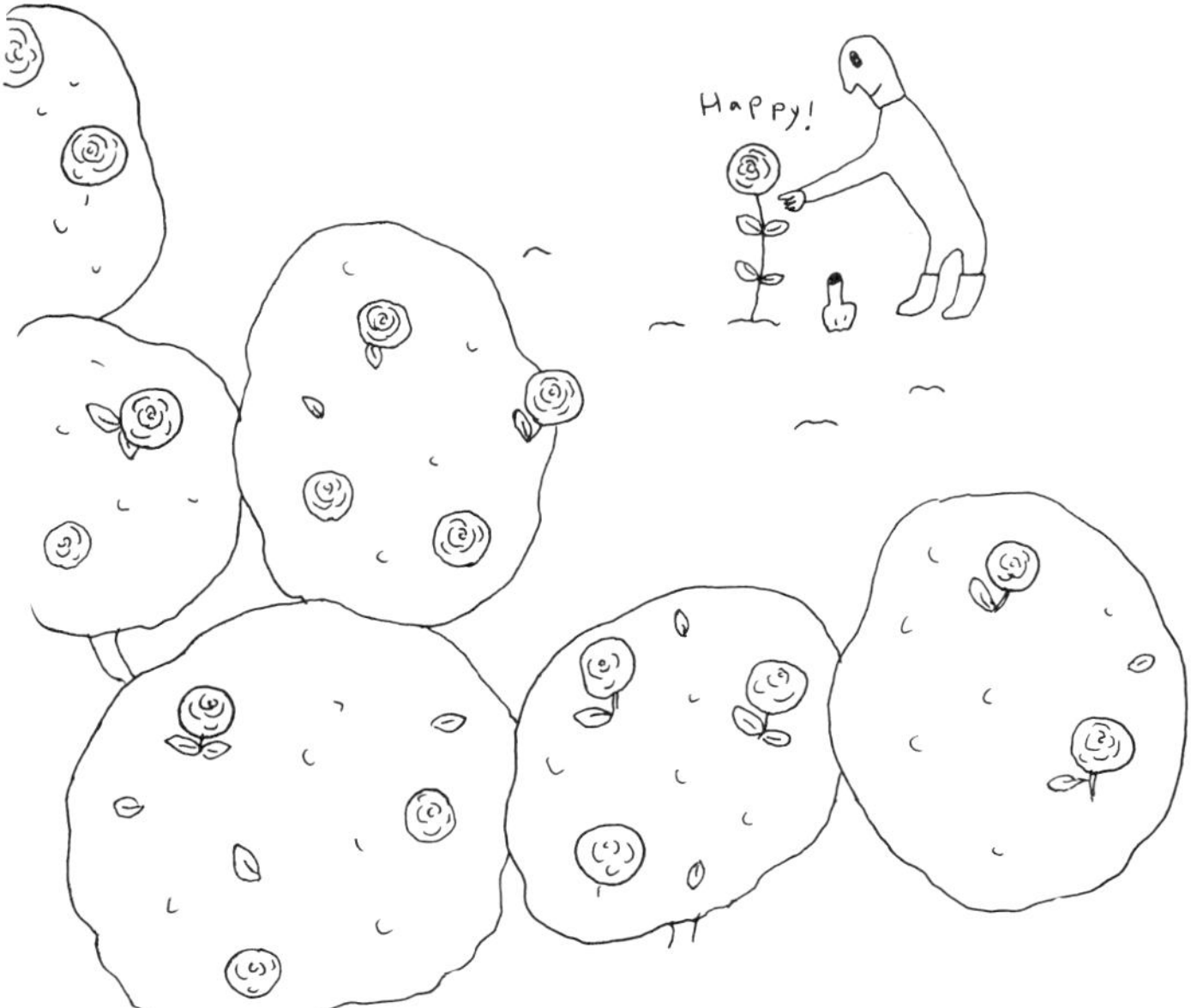

## この章のまとめのエクササイズ

生まれてから今に至るまでの、自分の年表をつくってみましょう。
客観的に自分を知るために、たいそう役に立つ方法です。
主な出来事と、そのときの自分の思い。
人からされて嬉しかったこと、いやだったこと。
それらを記憶のなかでいちばん古いものから順に、
掘り起こしていくのです。

最初は一時間かけても、二、三個しか出てきません。
じっくり時間をかけましょう。断片的にでも埋めていけば、
次第にするする糸がほぐれるみたいに、記憶が蘇《よみがえ》ってきます。

記憶は自分に都合のいいような「編集作業」をしますが、
できれば客観的な事実を並べていくといいでしょう。

ありのままの自分を知れば、いやなことばかりではありません。
もちろん、素晴らしいことばかりでもありません。
全部をひっくるめて歩いてきた自分を、
「さあ、これからも頑張ろう」と
愛してあげるといいでしょう。

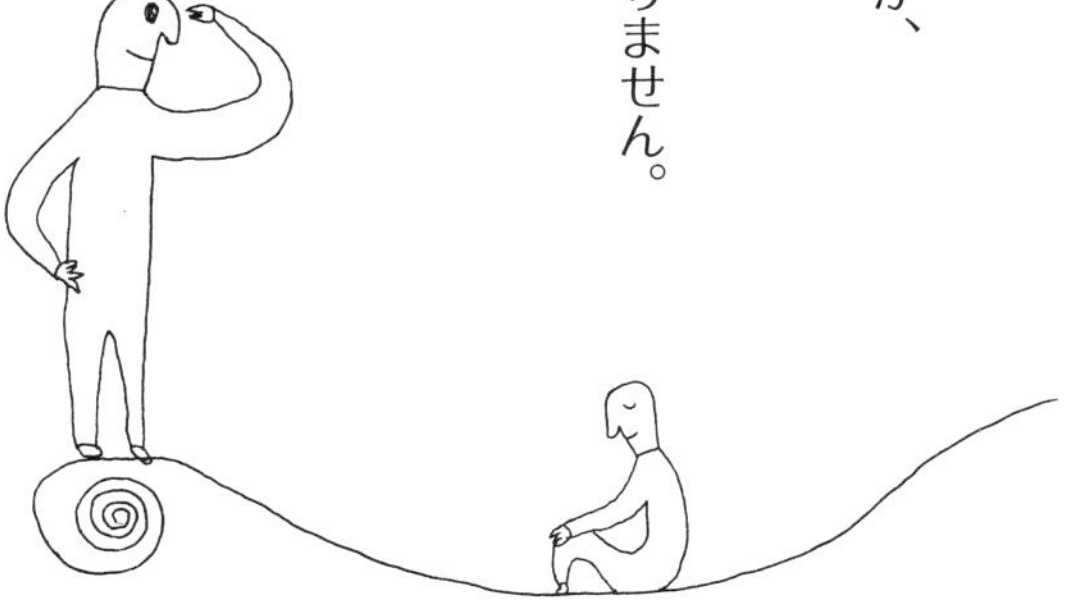

著者紹介

**松浦弥太郎**（まつうら　やたろう）

エッセイスト。2002年、セレクトブック書店の先駆けとなる「COW BOOKS」を中目黒にオープン。2005年からの9年間「暮しの手帖」編集長を務め、その後、ＩＴ業界に転じる。ユニクロの「LifeWear Story 100」責任監修。「DEAN & DELUCA MAGAZINE」編集長。他、様々な企業のアドバイザーを務める。映画「場所はいつも旅先だった」監督作品。著書に『今日もていねいに。』（ＰＨＰ研究所）、『しごとのきほん　くらしのきほん100』（マガジンハウス）など多数。

本書は、2015年11月にＰＨＰエディターズ・グループより刊行された『ひとりでいること　みんなとすること』を改題し、文庫化したものです。
本書に掲載している年齢や年数、内容は特に明言がないかぎり単行本刊行時のままです。

PHP文庫　明日がいい日になりますように。

2025年2月17日　第1版第1刷

著　者　松浦弥太郎
発行者　永田貴之
発行所　株式会社ＰＨＰ研究所
東京本部　〒135-8137　江東区豊洲5-6-52
ビジネス・教養出版部　☎03-3520-9617（編集）
普及部　☎03-3520-9630（販売）
京都本部　〒601-8411　京都市南区西九条北ノ内町11

PHP INTERFACE　https://www.php.co.jp/

制作協力
組　版　株式会社PHPエディターズ・グループ

印刷所
製本所　TOPPANクロレ株式会社


ISBN978-4-569-90465-8

PHP文庫

［よりぬき］

# あたらしいあたりまえ。BEST101

松浦弥太郎 著

好評シリーズ第二弾！ 人とのつながり方、モノとのつきあい方、具体的な考え方――松浦弥太郎が大切にしているルールがこの一冊に。

PHP文庫

［よりぬき］

# 今日もていねいに。BEST101

松浦弥太郎 著

ベストセラーとなった『今日もていねいに。』『あたらしいあたりまえ。』『あなたにありがとう。』から101のエッセイを厳選収録。

PHP文庫

# おとなのまんなか

新しいことはまだまだ、できる。

松浦弥太郎 著

失敗したら自分のまんなかにある基本に立ち戻ればいい——50代になっても新しいチャレンジを続ける松浦さんが綴るおとなの「きほん」。

PHP文庫

# しあわせを生む小さな種

今日のベリーグッド

松浦弥太郎 著

しあわせはやって来るものではなく、種を大切に育てて花を咲かせるようなもの。この本からあなたのしあわせの種を見つけてください。

PHP文庫

# あなたにありがとう。

## 暮らしのなかの工夫と発見ノート

松浦弥太郎 著

「気負わず贈る」「近づきすぎない」「断られ上手になる」など、「暮しの手帖」元編集長が経験から見つけた、人とのつきあい方のヒント。